COUTURE
utile & responsable

COFFE

100 IDEES
×
Papa Pique et Maman Coud

COUTURE
utile & responsable

TURBULENCES EDITIONS

100 IDEES

Ce projet de livre est né d'une rencontre au bord de la mer… Celle de l'équipe de Papa Pique et Maman Coud, la marque d'accessoires et de tissus emblématique du littoral atlantique, et des rédactrices de 100IDÉES, lors d'un reportage pour le magazine à Saint-Philibert, dans le Morbihan, au siège de l'entreprise. Nous recherchions alors un partenaire pour réaliser un ouvrage autour de la couture et des créations zéro déchet, et cela a été comme une évidence pour nous de proposer cette collaboration à Nam Pham, la créatrice de PPMC. C'est parce qu'elle nous a fait confiance et qu'elle partage les mêmes valeurs d'authenticité, de valorisation du faire soi-même, de respect de l'environnement, que le livre que vous découvrez aujourd'hui existe. Il regroupe pas moins de 25 idées de projets couture, à la fois pratiques et utiles, qui ont en commun de s'inscrire dans une démarche environnementale qui nous tient à cœur. Nous avons pensé cet ouvrage pour tous, avec différents niveaux de difficulté. N'hésitez pas à choisir les plus simples pour commencer ! Libre à vous de créer vos tutos 100IDÉES x PPMC en recyclant du linge que vous n'utilisez plus. Amusez-vous autant que nous, inspirez-vous et laissez parler votre créativité.

Amélie Lamirand

rédactrice en chef du magazine 100IDÉES

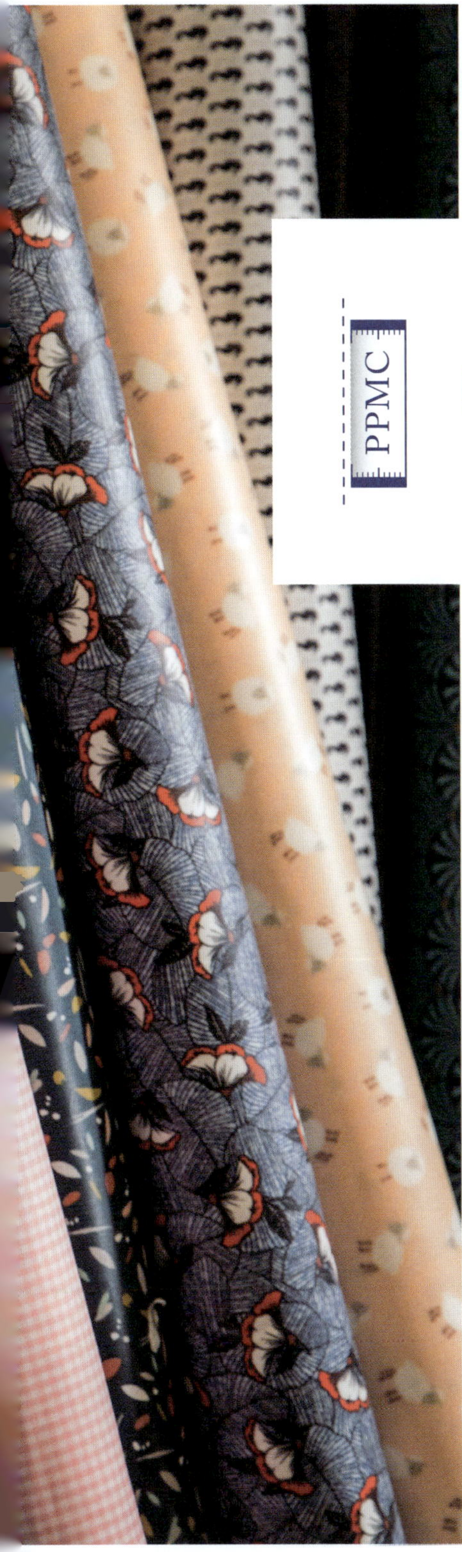

PPMC

Papa Pique et Maman Coud

C'est sur les étals des marchés vendéens et bretons que l'aventure Papa Pique et Maman Coud est née. Maman aimait coudre, Papa aimait vendre ; ils aimaient voyager et dénicher de magnifiques tissus. Passionnée par la couture et encore étudiante à l'époque, Nam Pham réalise à la main ses barrettes et chouchous en tissu qu'elle revend ensuite sur les marchés. Sa créativité et son audace n'ayant aucune limite, elle teste sans cesse de nouveaux articles : chapeaux, sacs, porte-monnaie, pochettes… toujours en tissu ! Le succès continue, et c'est ainsi que démarre le concept Papa Pique et Maman Coud.

L'aventure a débuté il y a 27 ans, et aujourd'hui il y a autant de boutiques PPMC dans toute la France. Avec une cinquantaine d'employés et plus de cent accessoires, cette passion pour les beaux tissus et la couture se transmet encore de génération en génération depuis la création de leur toute première boutique en 1998.

Papa Pique et Maman Coud

Au début, j'ai pris des petits bouts de tissus, de la colle, des barrettes et j'ai assemblé tout ça. Premiers marchés, premiers succès ! La marque Papa Pique et Maman Coud était créée… c'était il y a plus de 20 ans. Le nom raconte l'histoire des débuts. Papa et maman cousaient et vendaient, du matin au soir et du soir au matin. On a tout fait « maison ». On osait et on trouvait de nouveaux produits : bandeaux, chouchous, chapeaux, porte-monnaie et pochettes, toujours en tissu. Le succès a continué et, petit à petit, c'est devenu un vrai concept d'accessoires en tissu. PPMC, c'était 2, 3, 10 et aujourd'hui plus de 50 personnes qui travaillent avec enthousiasme, motivation, innovation, et portent des projets toujours partagés. Mais aussi nos fournisseurs de tissus, qui savent toujours séduire nos clientes, et nos partenaires, qui fabriquent nos accessoires avec beaucoup de savoir-faire et de qualité. Et surtout nos clients, qui nous conseillent et nous font progresser année après année, avec ce mélange de professionnalisme et de bienveillance.

Nam Pham

dirigeante de PPMC

En chiffres

27 ANS d'existence	**58** salariés
+ DE 100 accessoires différents	**27** boutiques en France

4 nouvelles collections chaque mois

Suivre la marque

@papapiqueetmamancoud

Papa.Pique.et.Maman.Coud

papapiqueetmamancoud.fr / ppmc-blog.fr

SOMMAIRE

Aux FOURNEAUX !

Pour protéger, conserver et décorer, adoptez la bonne routine en créant des objets pratiques et responsables pour la cuisine.
À coudre sans modération !

LES CHARLOTTES *alimentaires*

NIVEAU ★★☆

Que ce soit pour empêcher les odeurs de se propager dans le réfrigérateur ou pour mieux conserver vos aliments, les charlottes alimentaires deviendront vite votre nouvelle routine pour remplacer le film plastique et le papier d'aluminium. Adaptables et lavables, elles sont également parfaites pour laisser libre cours à votre créativité !

⌛ ●●○

Coût ●○○

MATÉRIEL POUR 3 CHARLOTTES DE TAILLES DIFFÉRENTES :

- Un disque de 12 cm pour un bol, un autre de 20 cm pour un saladier (expliqué ci-dessous) et un dernier de 26 cm pour un plat à tarte dans du tissu enduit
- 150 cm d'élastique plat de 5 mm
- Du biais
- 1 épingle à nourrice

ÉTAPE 1 :

Commencez par poser un morceau de biais sur tout le tour de votre disque de 20 cm de tissu enduit, bord à bord et endroit contre endroit. Épinglez, puis faites une première couture tout autour sur la pliure extérieure.

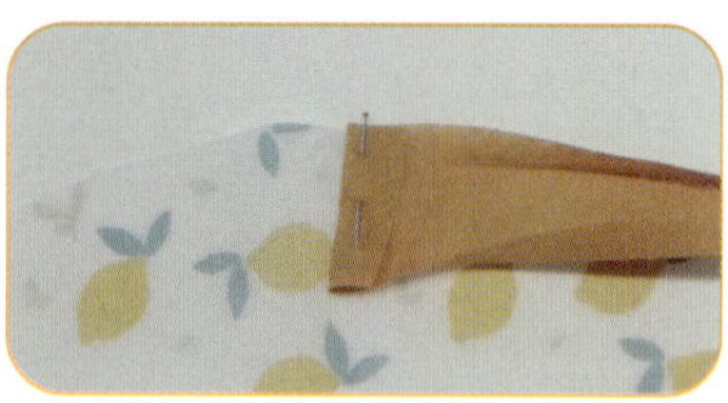

ÉTAPE 2 :

Repliez le biais vers l'envers du tissu, épinglez et fixez-le en faisant une deuxième couture le long du bord intérieur du biais.

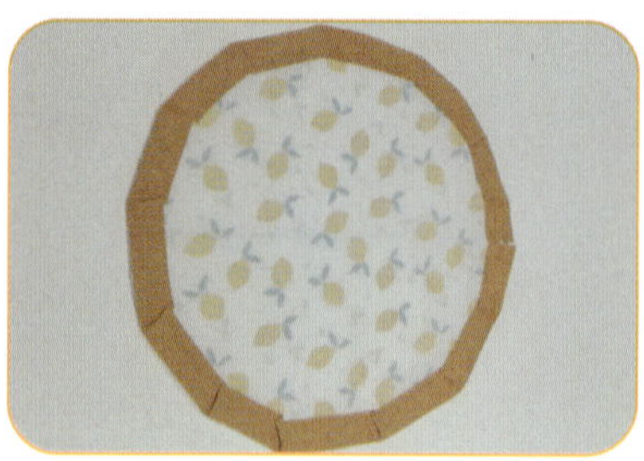

ÉTAPE 3 :

À l'aide d'une épingle à nourrice, insérez l'élastique dans la coulisse réalisée avec le biais et ajustez à bonne mesure. Coupez l'élastique, puis faites une couture pour le fermer. Vous avez terminé !

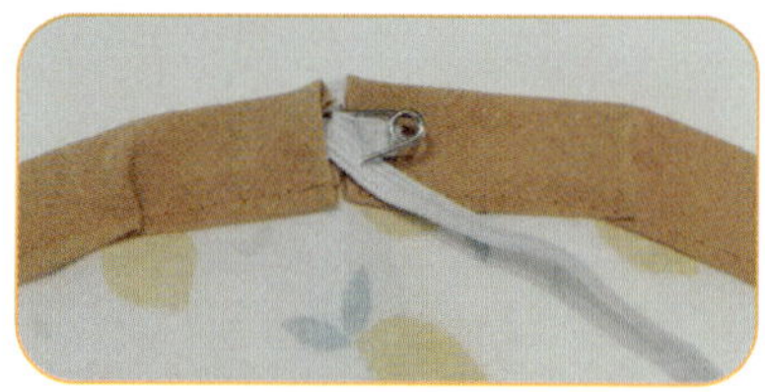

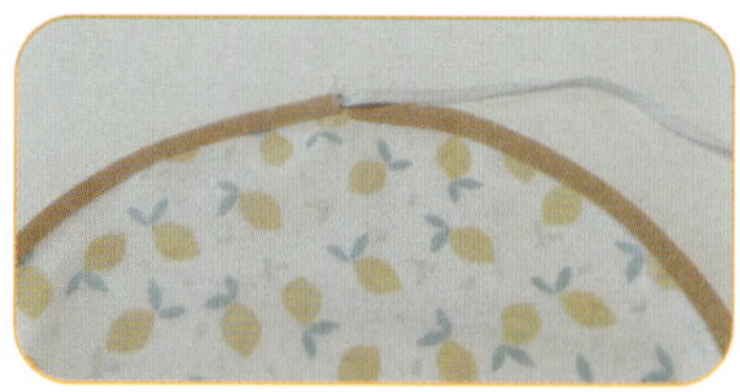

NIVEAU ★☆☆

LE BEE WRAP
maison

Voici une autre manière de conserver vos aliments, avec du tissu simplement enduit de cire d'abeille… Tout aussi efficace que les charlottes alimentaires, le bee wrap est très facile à réaliser. Voici deux méthodes ultrarapides pour confectionner vos propres modèles avec les tissus PPMC de votre choix.

Temps : ●○○
Coût : ●●○

MATÉRIEL :
- Un carré de 14 × 14 cm pour un bol, un autre de 22 × 22 cm pour un saladier et un dernier de 26 × 26 cm pour un plat à tarte dans les tissus coton de votre choix
- De la cire d'abeille (en paillettes ou en stick à râper)
- 2 feuilles de papier cuisson
- 1 fer à repasser ou 1 four
- 1 paire de ciseaux à cranter

ÉTAPE 1 :
Commencez par cranter votre coupon de tissu.

ÉTAPE 2 :
Placez votre tissu sur une feuille de papier cuisson. Puis dispersez de la cire (en pépites ou râpée) uniformément sur tout votre tissu, et posez la 2e feuille de papier cuisson par-dessus.

ÉTAPE 3 :
1re méthode : au four
Enfournez quelques instants à environ 100 °C.

2e méthode : au fer à repasser
Placez votre fer à repasser sur la feuille de cuisson du dessus, et faites fondre les morceaux de cire.

> Pour les 2 méthodes, n'hésitez pas à rajouter de la cire là où vous voyez qu'il en manque.

ÉTAPE 4 :
Enfin, laissez refroidir votre bee wrap, puis froissez-le plusieurs fois pour l'assouplir. Vous avez terminé !

NIVEAU ★★★

LE SAC à tarte

Vous connaissiez déjà le sac à anses pour transporter vos tartes et vos gâteaux ? Voici la version pyramidale de cet accessoire si pratique que vous pourrez utiliser à l'envi ! C'est aussi la bonne idée cadeau à coudre, avant même de se lancer en pâtisserie…

⌛ ●●○

🪙 ●○○

MATÉRIEL :

- 57 × 64 cm de tissu en coton imprimé
- 57 × 50 cm de tissu en coton uni

ÉTAPE 1 :
Commencez par découper un carré de 50 × 50 cm dans chacun des 2 tissus. Puis découpez un morceau de 64 × 7 cm dans le tissu imprimé et deux morceaux de 22 × 7 cm dans le tissu uni pour les liens. Repassez-les.

ÉTAPE 2 :
Pour les 3 liens, faites un rentré de 1 cm sur les côtés les plus longs et repassez.

ÉTAPE 3 :
Ensuite, pliez-les tous les trois en 2 dans le sens de la largeur, endroit contre endroit, et piquez les petits côtés à 1 cm du bord. Évidez les angles.

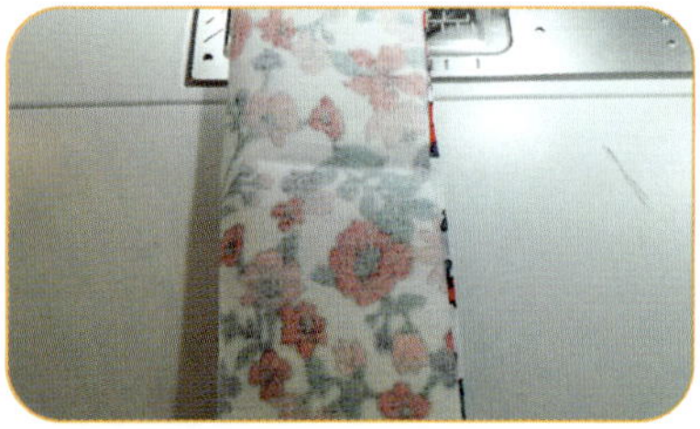

ÉTAPE 4 :
Retournez les liens sur l'endroit, et repliez vers l'intérieur les rentrés repassés précédemment. Surpiquez sur tout le tour à 2 mm du bord.

ÉTAPE 5 :

Pliez les attaches en 2 et positionnez-les chacune à 6 cm des coins sur le tissu uni, endroit face à vous. Positionnez les 2 extrémités du lien sur l'autre diagonale, à 4 cm des angles. Piquez chaque extrémité en réalisant un rectangle avec une croix[1] à l'intérieur pour fixer les liens et consolider le tout.

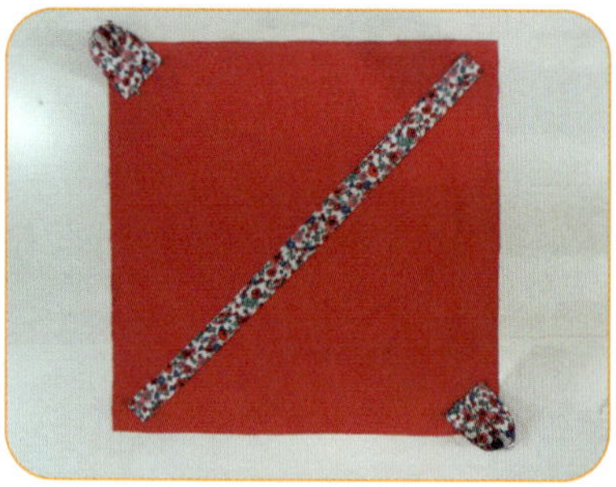

ÉTAPE 6 :

Superposez les 2 carrés (tissu imprimé et uni), endroit contre endroit, en faisant attention à bien plier les attaches vers l'intérieur pour ne pas les prendre dans la couture. Puis piquez les 4 côtés à 1 cm du bord, en laissant une ouverture de 10 cm pour pouvoir retourner votre ouvrage. Dégarnissez les angles.

ÉTAPE 7 :

Retournez et repassez votre sac sur l'endroit. Terminez en réalisant une surpiqûre sur tout le tour à 2 mm du bord. Vous avez terminé !

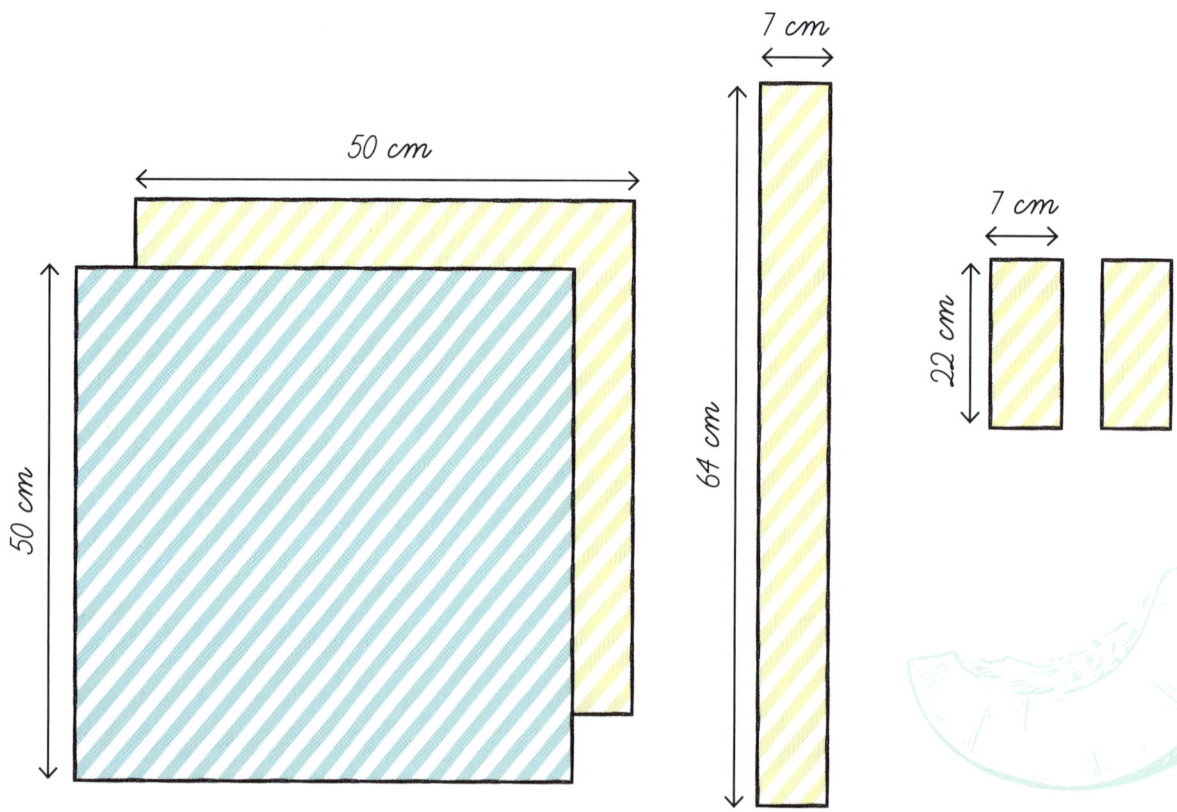

(1) Voir page 90

LE SAC
à pain

NIVEAU ★★☆

Pour ne plus transporter et conserver votre pain dans les emballages jetables en tous genres proposés en boulangerie, optez pour son alternative écolo : le sac à pain.Décoratif et lavable en machine, il aura forcément une utilité dans la cuisine !

⌛ ●●○
💰 ●○○

MATÉRIEL :
- 120 × 56 cm de tissu en coton imprimé poissons
- 131 × 56 cm de tissu en coton à rayures

ÉTAPE 1 :
Commencez par le rabat en découpant un rectangle de 22 × 12 cm dans chaque tissu, et arrondissez 2 des angles. Placez-les l'un sur l'autre, endroit contre endroit, puis cousez-les ensemble à 1 cm du bord en laissant une ouverture sur l'un des grands côtés pour pouvoir retourner l'ouvrage. Dégarnissez les angles, retournez l'ouvrage et repassez. Puis faites une couture à 5 mm sur tout le tour.

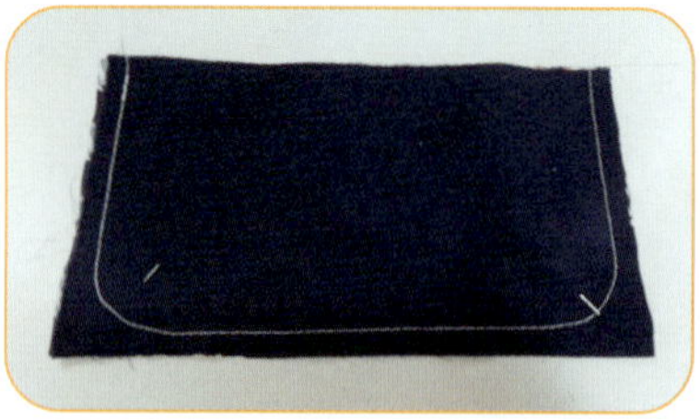

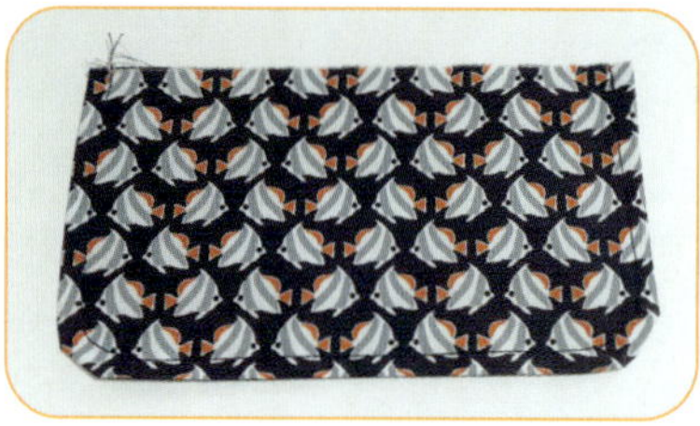

ÉTAPE 2 :
Pour le sac, commencez par découper deux rectangles de 56 × 49 cm dans chaque tissu. Pliez chacun des rectangles en 2, et faites une piqûre sur le grand côté et sur le bas de votre tissu.

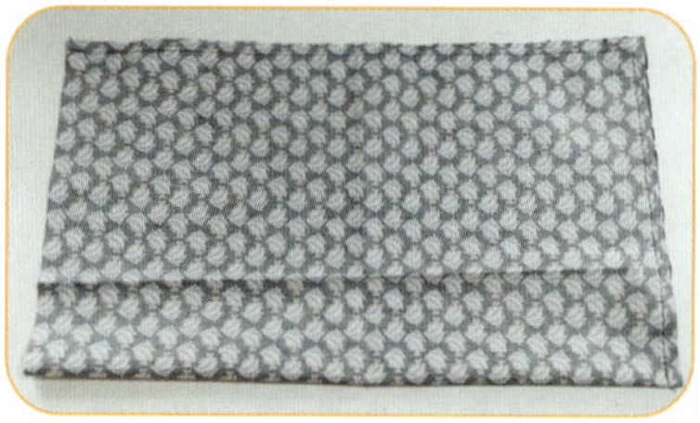

ÉTAPE 3 :
Pour l'anse, commencez par découper deux rectangles de 5,5 × 43 cm dans le tissu rayé. Positionnez-les l'un sur l'autre, endroit contre endroit, et piquez sur les 2 côtés les plus longs. Retournez votre ouvrage et repassez-le. Puis faites une surpiqûre le long de chaque grand côté.

ÉTAPE 4 :
Positionnez l'anse et le rabat sur le tissu imprimé poissons, en plaçant l'anse à 4 cm des bords et en centrant le rabat. Piquez le tout en place afin de bien fixer l'ensemble.

ÉTAPE 5 :
Glissez le sac imprimé poissons dans le sac à rayures, endroit contre endroit, et assemblez les deux en faisant une piqûre sur tout le tour du bord supérieur, en laissant une ouverture de 10 cm. Retournez votre ouvrage par l'ouverture laissée, puis refermez-la. Vous avez terminé !

NIVEAU ★★★

LES SACHETS *de thé*

Voici une alternative écologique aux sachets ou filtres jetables, ainsi qu'aux infuseurs en métal ou en plastique. Ces jolis sachets de thé, réutilisables à l'infini, vous permettront de savourer votre meilleur thé en vrac !

⌛ ●●○

💰 ●○○

MATÉRIEL :
- 20 x 10 cm d'organdi ou du coton fin
- 10 cm de ficelle de coton

ET SELON LE MODÈLE QUE VOUS CHOISIREZ :
- 2 boutons en nacre
- 1 perle en bois et 1 paire de ciseaux à cranter
- 1 pique à brochette en bois

1re méthode : Sachet carré et boutons nacrés

ÉTAPE 1 :
Commencez par découper un rectangle de 19 × 9 cm dans le tissu.

ÉTAPE 2 :
Repliez les grands côtés sur 0,5 cm en faisant une simple pression sur le tissu. Puis faites de même avec les 2 petits côtés.

ÉTAPE 3 :
Coupez 2 morceaux de ficelle. Pour chacun d'eux, formez une boucle et fixez 1 bouton à l'extrémité de cette dernière pour les fermer. Placez les 2 boucles sous le rabat de l'ourlet, comme sur la photo et piquez à 0,5 cm du bord.

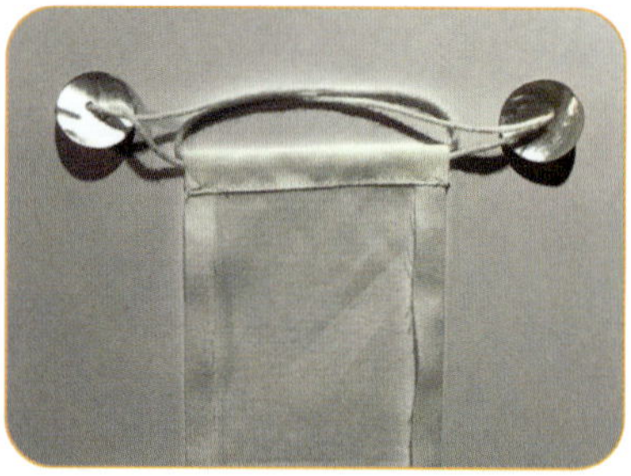

ÉTAPE 4 :
Faites la même chose avec l'autre côté. Piquez l'ourlet.

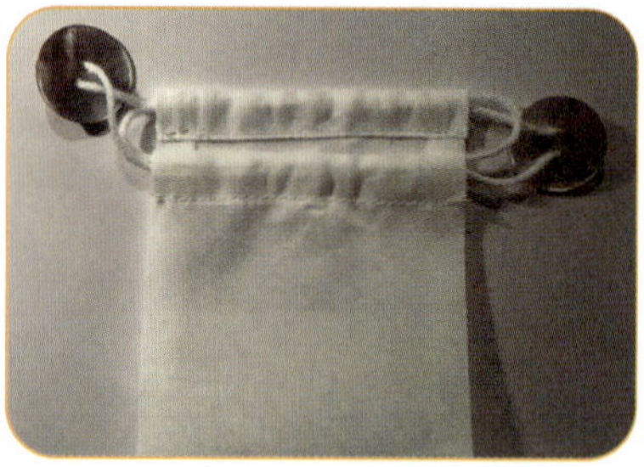

ÉTAPE 5 :
Enfin, piquez les côtés du sachet sur l'envers et retournez-le. Vous avez terminé !

2e méthode : Sachet rond et perles en bois

ÉTAPE 1 :
Commencez par découper 2 gabarits arrondis dans le tissu. Pour chaque morceau, coupez le tissu sur 1 cm, à 2,5 cm du haut de chaque côté.

ÉTAPE 2 :
Faites un double pli sur chacun des petits côtés et sur la longueur, puis piquez chaque ourlet à 0,5 cm du bord. Assemblez les 2 morceaux en cousant l'arrondi à 0,5 cm, crantez et retournez votre sachet.

ÉTAPE 3 :

Créez un lien en ficelle de coton et glissez-le dans l'ourlet des 2 côtés. Enfin, fixez une perle. Vous avez terminé !

3e méthode : Sachet carré et pic à brochette

ÉTAPE 1 :

Commencez par découper un rectangle de 20 × 10 cm dans le tissu.

ÉTAPE 2 :

Repliez les grands côtés sur 0,5 cm en faisant une simple pression sur le tissu. Faites de même avec les deux petits côtés, puis fermez le sachet et cousez les 2 côtés sur l'extérieur.

ÉTAPE 3 :

Faites un trou avec le cure-dents au centre de l'ourlet et passez le pique à brochette à l'intérieur. Vous avez terminé !

À portée DE MAIN

Optez pour des rangements originaux à réaliser vous-même ! Cousus dans des tissus PPMC, ils embelliront toutes les pièces de votre intérieur.

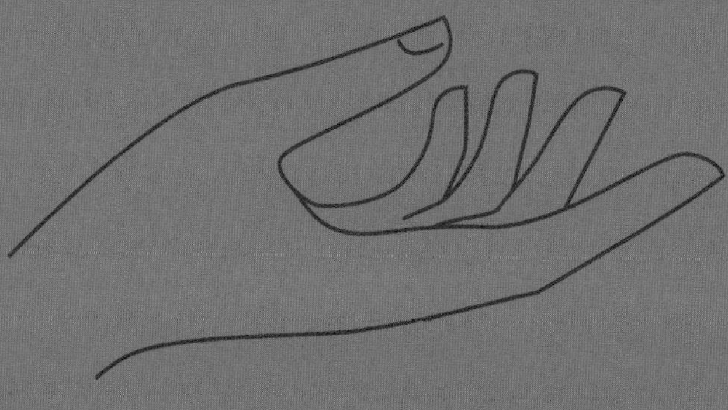

NIVEAU ★★☆

LES POCHONS *bicolores*

Pratique et très à la mode, les fonctions d'un pochon sont multiples. Posé dans l'entrée, vous pourrez y déposer vos clefs à côté d'une plante verte installée dans un cache-pot coordonné. Libérez votre créativité en mixant les formats et les tissus.

⌛ ●●○

🪙 ●○○

MATÉRIEL :
- 28 × 59 cm de tissu imprimé
- 28 × 59 cm de tissu enduit
- 1 équerre

> Astuce : placez une bande de papier cuisson ou de papier calque sur votre tissu enduit, ainsi votre pied de biche glissera plus facilement !

ÉTAPE 1 :
Commencez par découper deux rectangles de 28 × 59 cm dans chacun des tissus. Pliez chaque rectangle en 2 dans le sens de la largeur, puis piquez le côté et le bas.

ÉTAPE 2 :
Glissez votre main dans un des tubes ainsi obtenus, et tournez-le de ¼ de tour afin que la couture du bas se retrouve au milieu. Vous obtenez ainsi 2 pointes.

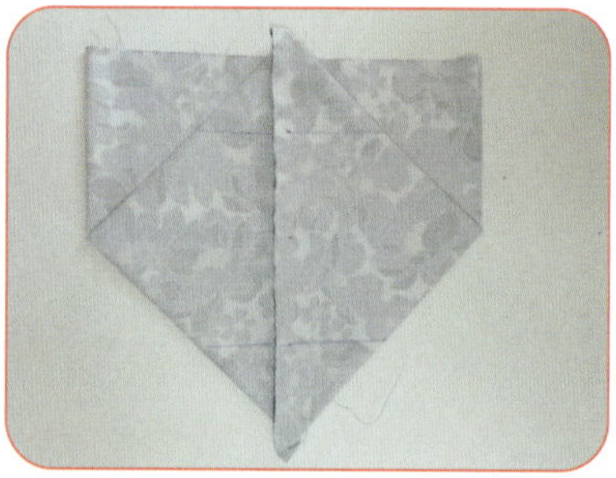

ÉTAPE 3 :
Pour chacune des pointes, et à l'aide d'une équerre, tracez une ligne perpendiculaire à la couture du bas à 7,5 cm de la pointe et piquez. Coupez le surplus à 1 cm de la couture. Répétez ces étapes avec le second tube.

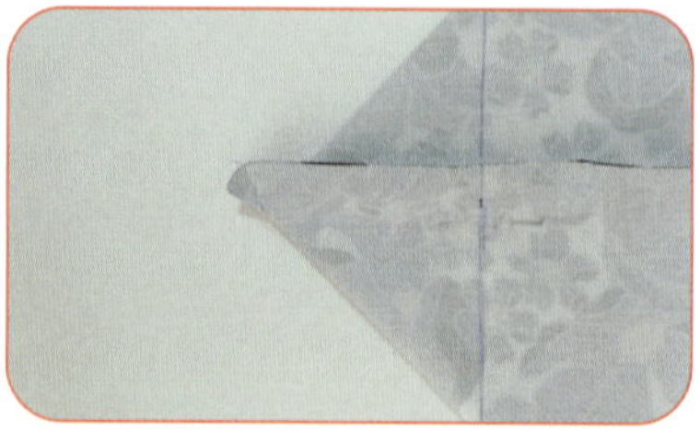

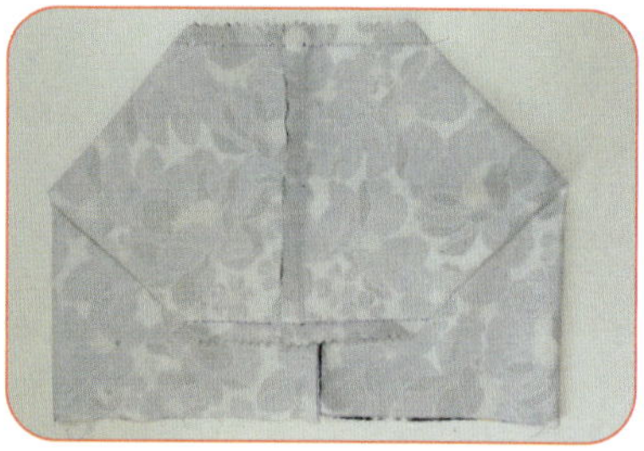

ÉTAPE 4 :
Retournez le pochon en tissu enduit et glissez-le dans celui en tissu imprimé, endroit contre endroit, en faisant bien correspondre les coutures. Épinglez, puis faites une piqûre sur tout le tour du bord supérieur en laissant une ouverture. Retournez votre ouvrage et refermez l'ouverture. Vous avez terminé !

NIVEAU ★★★

LE VIDE-POCHE *suspendu*

Ce rangement est original, déclinable à volonté et surtout très astucieux. Il trouve sa place dans toutes les pièces de la maison, mais également à l'arrière du siège de voiture. Il suffit de glisser les attaches sur les tiges du repose-tête et on range tout ! Malin, non ?

⌛ ●●○

●○○

MATÉRIEL POUR UNE POCHETTE :

- 50 × 20 cm de tissu imprimé
- 37 × 40 cm de tissu rayé
- 31 × 34 cm de tissu thermocollant
- 2 boutons en bois

ÉTAPE 1 :

Commencez par découper vos différents tissus : deux rectangles de 25 × 20 cm dans le tissu imprimé, deux rectangles de 31 × 17 cm et une bande de 3 × 40 cm dans le tissu rayé. Enfin, découpez deux rectangles de 25 × 20 cm ainsi que deux rectangles de 31 × 17 cm dans votre thermocollant. Puis thermocollez[1] tous les rectangles, sauf la bande.

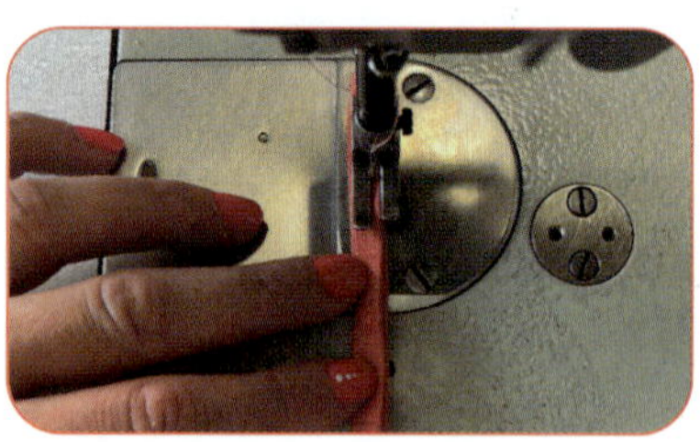

[1] Voir page 90

ÉTAPE 2 :

Rabattez les bords de la bande de tissu rayé vers le centre, puis pliez-la en 2. Repassez, et cousez à 1 ou 2 mm du bord.

ÉTAPE 3 :

Dans la lanière obtenue, découpez deux morceaux de 10 cm pour les passants et deux morceaux de 7 cm à enfiler dans les boutons.

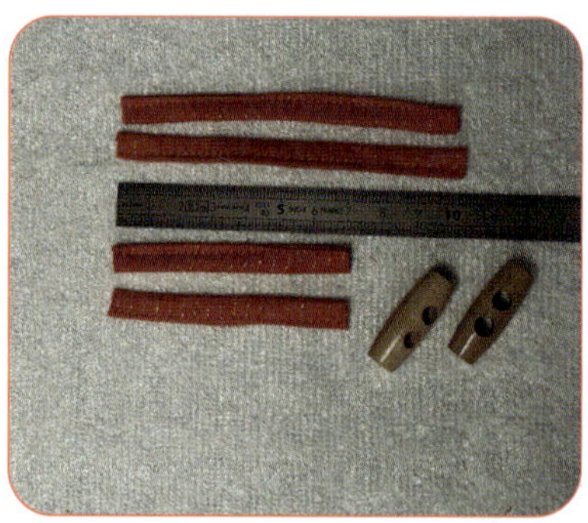

ÉTAPE 4 :

Pour la poche, posez les 2 rectangles en tissu rayé l'un sur l'autre, endroit contre endroit, et faites une piqûre le long du bord supérieur. Retournez et repassez, puis marquez les plis de la poche au fer selon les repères du patron. Surpiquez les 4 plis formés à 1 ou 2 mm du bord afin que le soufflet de la poche garde bien sa forme.

ÉTAPE 5 :

Épinglez les côtés de la poche sur le rectangle qui formera le devant du vide-poche, en prenant garde de rabattre les soufflets vers le milieu de la poche pour ne pas prendre les plis dans les coutures des côtés. Sur le rectangle restant, qui formera le dos du vide-poche, épinglez les passants en haut et les boutons en bas, selon les repères du patron.

Exclusivité
PPMC

ÉTAPE 6 :

Puis placez les pièces dans cet ordre :

- devant du vide-poche, endroit face à vous
- poche, endroit face à vous
- dos du vide-poche (avec boutons et passants épinglés), envers face à vous.

ÉTAPE 7 :

Cousez d'abord les côtés et le haut du vide-poche, puis remettez les soufflets dans leur position normale, et cousez le bas en laissant une large ouverture entre les 2 boutons pour pouvoir retourner votre ouvrage.

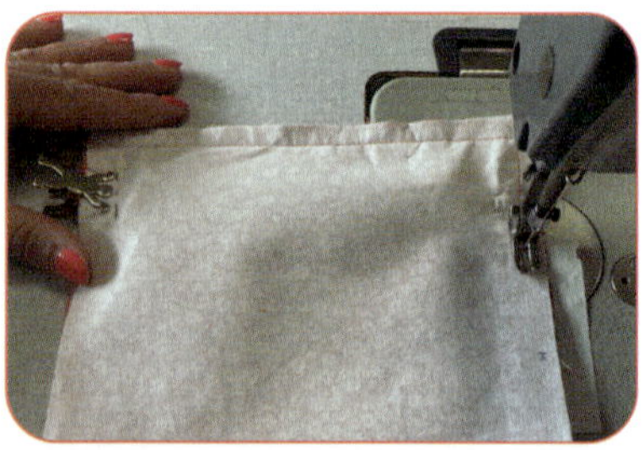

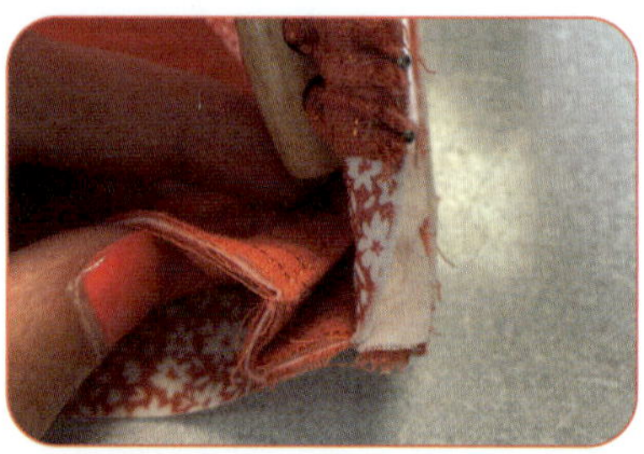

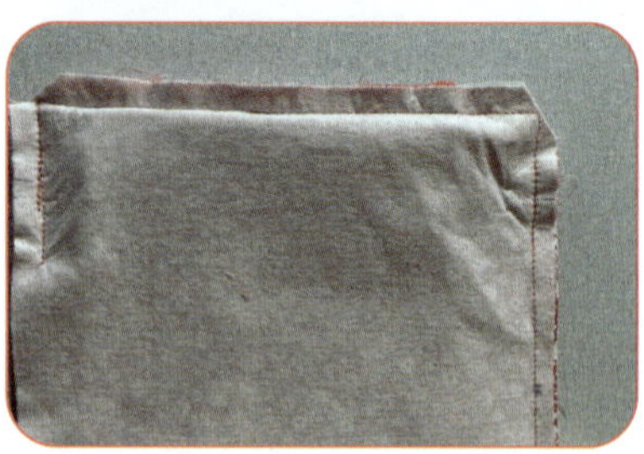

ÉTAPE 8 :

Dégarnissez les angles et retournez le vide-poche en formant bien ces derniers. Repassez en repliant les marges de couture de l'ouverture vers l'intérieur. Surpiquez tout le tour. Et voilà !

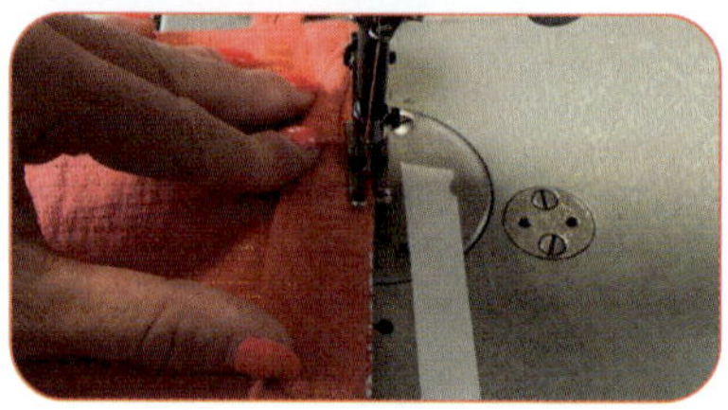

Astuce : Vous pouvez fabriquer plusieurs vide-poches dans des tissus assortis et les suspendre les uns aux autres !

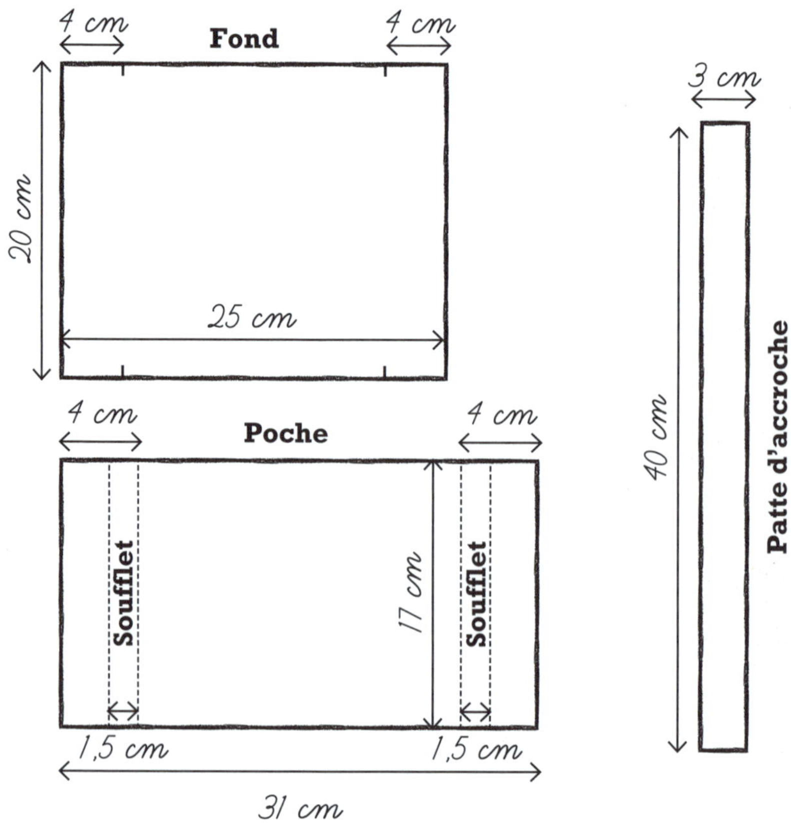

L'ÉTUI À MOUCHOIRS *réutilisables*

NIVEAU ★★☆

Finie la surconsommation de mouchoirs en papier à usage unique. Pourquoi ne pas utiliser des mouchoirs en tissu de gaze tout doux ? Rangés dans un joli étui fleuri, ils seront prêts à être sortis au moindre éternuement !

⧗ ●●○

(pièces) ●●○

MATÉRIEL POUR L'ÉTUI :

- 28 × 40 cm de tissu enduit
- 28 × 40 cm de double gaze de coton
- Du biais

POUR LES MOUCHOIRS :

- De la double gaze de coton

ÉTAPE 1 :

Commencez par découper le tissu enduit et la double gaze selon le patron.

ÉTAPE 2 :

Positionnez les tissus l'un sur l'autre, envers contre envers et épinglez-les. Cousez les biais sur les 2 parties arrondies.

ÉTAPE 3 :

Placez votre étui endroit face à vous, et pliez-le comme sur la photo.

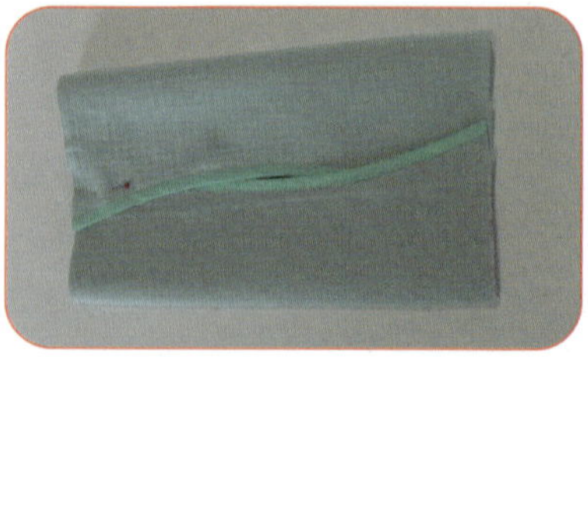

ÉTAPE 4 :

Cousez les 2 petits côtés, puis retournez votre ouvrage en insistant sur les angles. Vous avez terminé votre étui à mouchoirs !

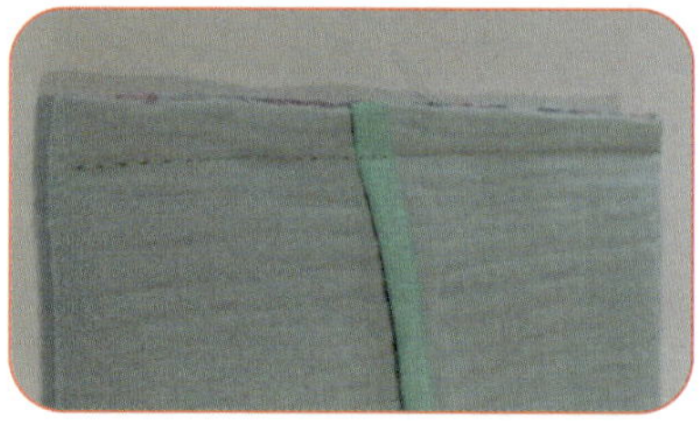

POUR LES MOUCHOIRS :

Pour réaliser des mouchoirs à ranger dans votre étui, découpez des carrés de 27 × 27 cm dans de la double gaze puis faites un ourlet tout autour. Vous avez terminé !

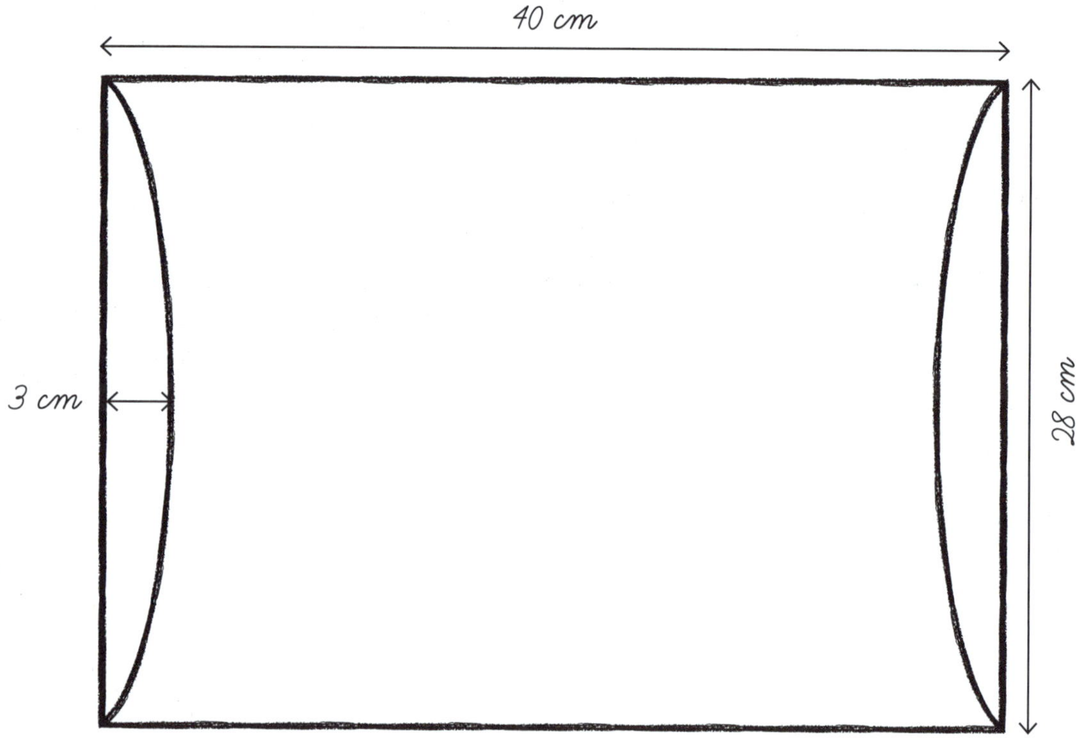
40 cm
3 cm
28 cm

Aux
PETITS SOINS

Écologiques et économiques, cousez de nombreux objets zéro déchet pour la salle de bains. Pratiques au quotidien, ils le sont tout autant pour partir en voyage !

NIVEAU ★★☆

LE GANT *à démaquiller*

À la maison ou en voyage, ce petit gant permet de réduire vos déchets et vos dépenses de coton démaquillant. Ultra doux, il permet de se démaquiller avec ou sans produit cosmétique, et il suffit de le laver lorsqu'il a été utilisé. Pour le faire sécher, rien de plus simple : on le suspend grâce à sa petite languette et le tour est joué !

⌛ ●●○

💰 ●○○

MATÉRIEL :
- 14,5 × 23 cm de tissu en coton
- 10 × 11 cm de tissu-éponge blanc

ÉTAPE 1 :
Commencez par découper un rectangle de 10 × 11 cm, ainsi qu'une bande de 23 × 3,5 cm et une autre de 6 × 2,5 cm dans le tissu en coton. Puis coupez un rectangle de 10 × 11 cm dans le tissu-éponge.

ÉTAPE 2 :
Pour la patte d'accroche :
Rabattez les bords de la petite bande vers le centre, puis pliez-la en 2. Repassez, et cousez à 1 ou 2 mm du bord.

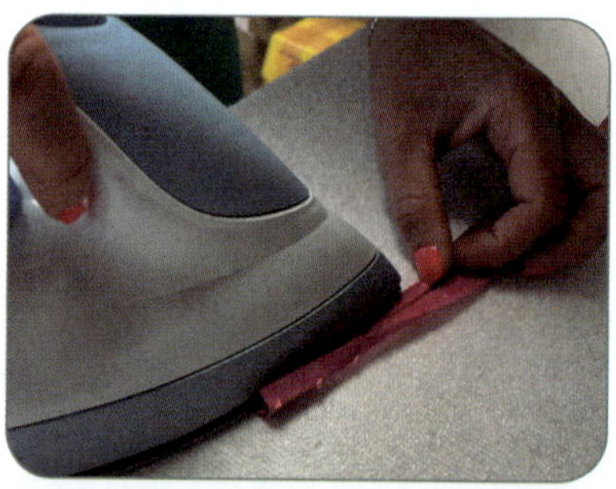

Astuce : si vous faites plusieurs gants, réalisez une longue bande et coupez-la ensuite en plusieurs morceaux de 6 cm ; cela sera plus facile à coudre !

ÉTAPE 3 :
Pliez la grande bande de la même manière que précédemment et repassez. Puis surjetez ou surfilez au point zigzag[1] les 2 bords longs et 1 bord court de chaque rectangle en coton et en éponge.

ÉTAPE 4 :
Posez les 2 rectangles endroit contre endroit, et assemblez-les par 1 seul côté (un bord long).

[1] Voir page 90

Exclusivité
PPMC

ÉTAPE 5 :

Placez la grande bande de finition endroit contre endroit le long du bord court non surjeté (le haut du gant) et piquez.

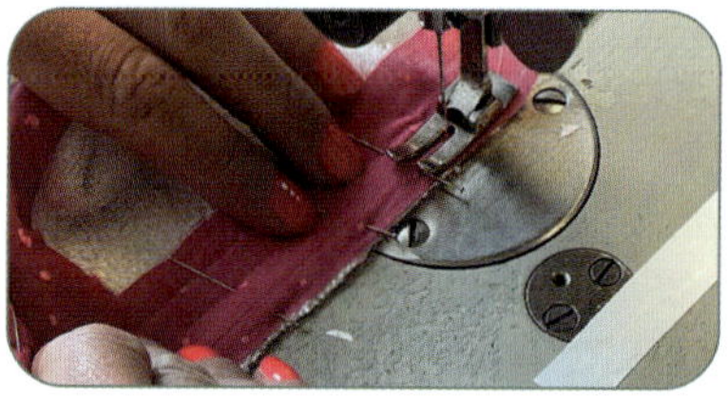

Puis repliez la bande à cheval sur le bord du tissu et surpiquez tout le long. Coupez l'excédent de la bande.

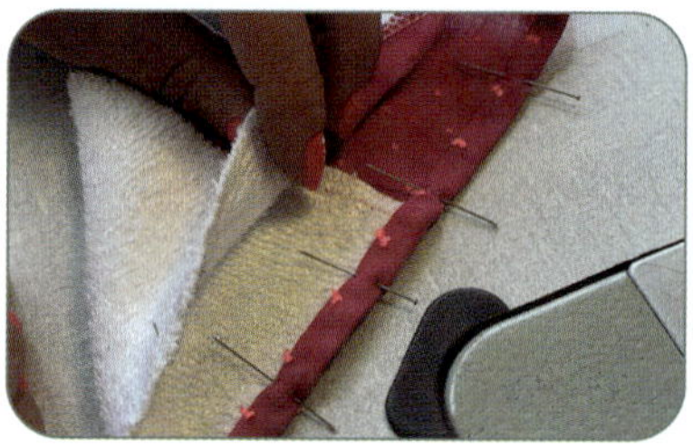

ÉTAPE 6 :

Épinglez la petite patte d'accroche à 1 cm sous la bande de finition en formant une boucle vers l'intérieur du gant.

ÉTAPE 7 :

Refermez le gant en piquant le fond et le dernier côté. Repliez la couture du dernier côté et faites quelques points de finition. Vous avez terminé !

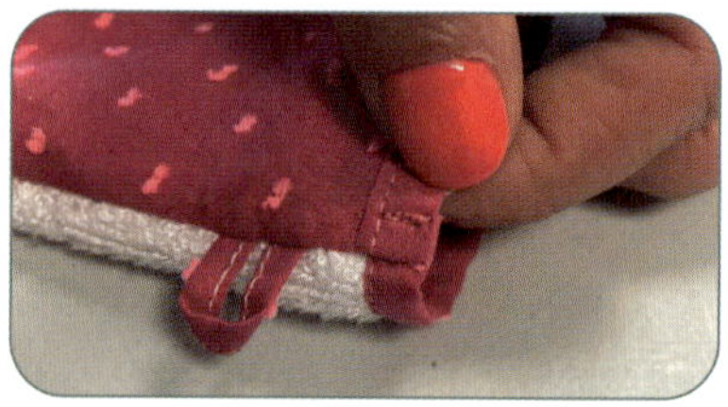

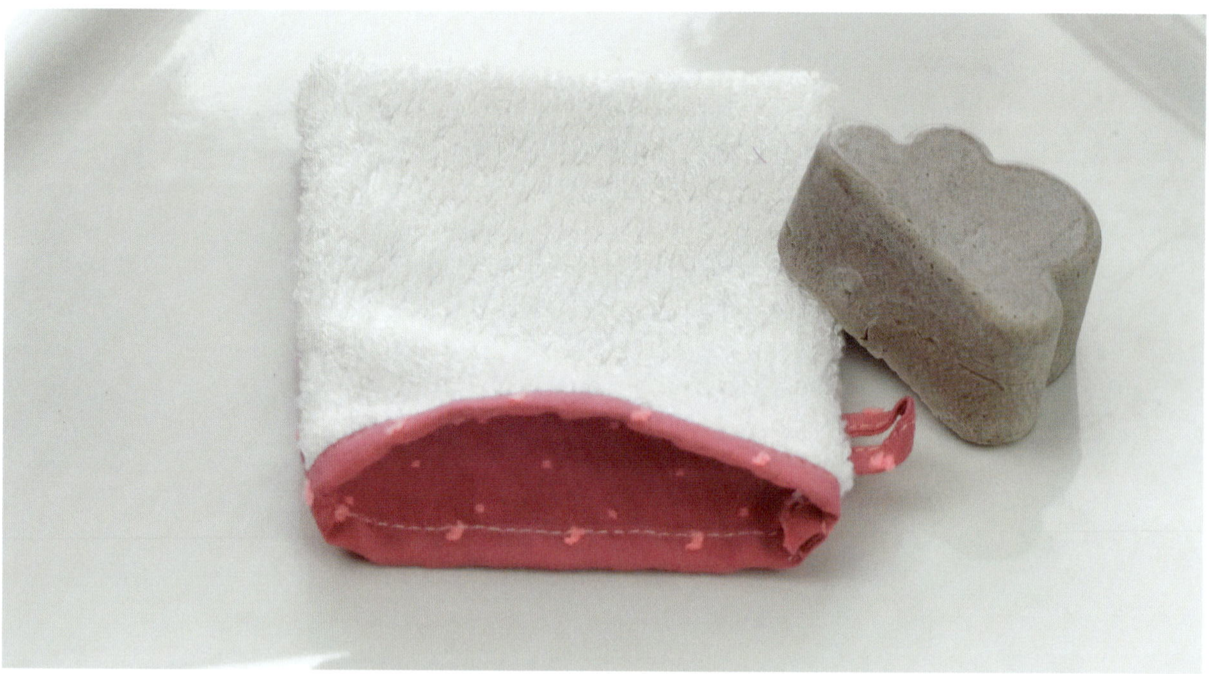

NIVEAU ★☆☆

LES COTONS *démaquillants*

Acheter et jeter des cotons démaquillants, encore et encore, c'est terminé ! Cette idée couture zéro déchet est économique et très simple à réaliser avec seulement quelques chutes de tissu. Et pour un effet bonne mine, mixez les couleurs et les tissus !

⌛ ●○○

€ ●○○

MATÉRIEL :

- 1 disque ou 1 carré de 14 × 14 cm de tissu imprimé
- 1 disque ou 1 carré de 14 × 14 cm de tissu-éponge

ÉTAPE 1 :

Commencez par poser les 2 coupons de tissu l'un sur l'autre, endroit contre endroit, et faites une piqûre sur tout le tour en laissant une ouverture.

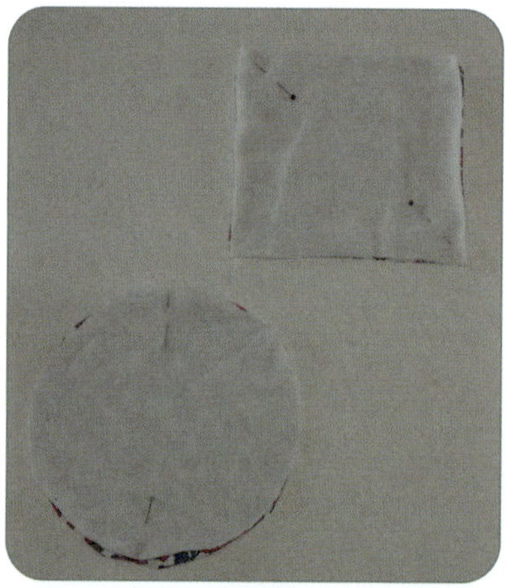

ÉTAPE 2 :

Retournez votre ouvrage par l'ouverture et repassez-le. Faites une surpiqûre sur tout le tour pour finir votre coton et fermer l'ouverture. Vous avez terminé !

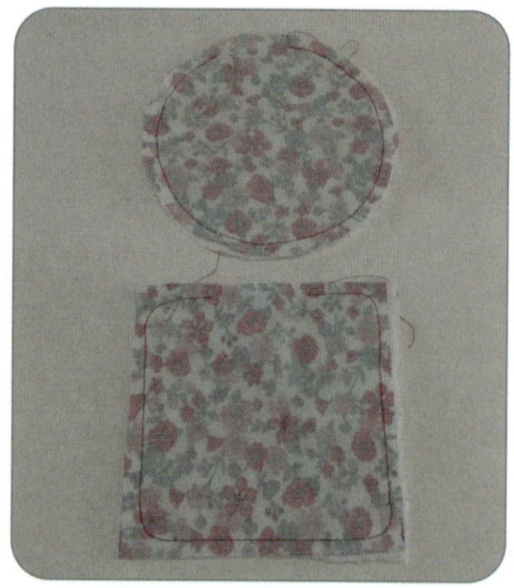

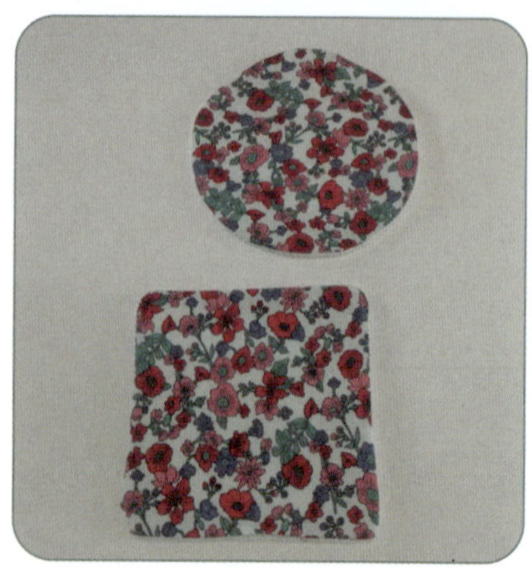

NIVEAU ★★☆

LA POCHETTE

à savon

Cette petite pochette est tellement pratique pour transporter vos savons et shampooings solides, que vous allez l'adopter à coup sûr ! Facile à nettoyer grâce à son tissu enduit, vous pouvez même l'utiliser pour ranger votre serviette hygiénique dans votre sac sans craindre les taches !

⌛ ●●○

●○○

MATÉRIEL :

- 37,5 × 15 cm de tissu enduit, découpé selon le patron
- 1 bouton-pression en plastique

ÉTAPE 1 :

Commencez par découper un rectangle de 35 × 15 cm et une bande de 6 × 2,5 cm dans le tissu enduit en suivant le patron.

ÉTAPE 2 :

Pour la patte d'accroche :
Rabattez les bords de la bande vers le centre, puis pliez-la en 2. Repassez délicatement à fer très doux en intercalant un tissu entre le fer et le coton enduit, puis cousez à 1 ou 2 mm du bord.

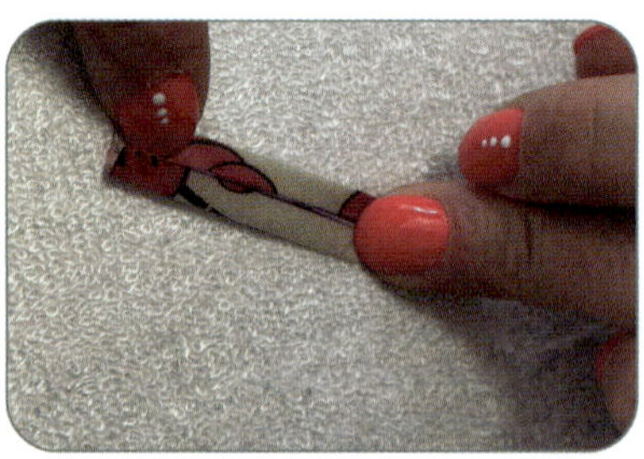

Astuce : si vous faites plusieurs pochettes, réalisez une longue bande et coupez-la ensuite en plusieurs morceaux de 6 cm ; cela sera plus facile à coudre !

ÉTAPE 3 :

Rabattez de 1 cm sur l'envers le bord court A (ourlet simple) et piquez à 0,5 cm. Rabattez aussi sur 1 cm le second bord court B, mais ne le piquez pas.

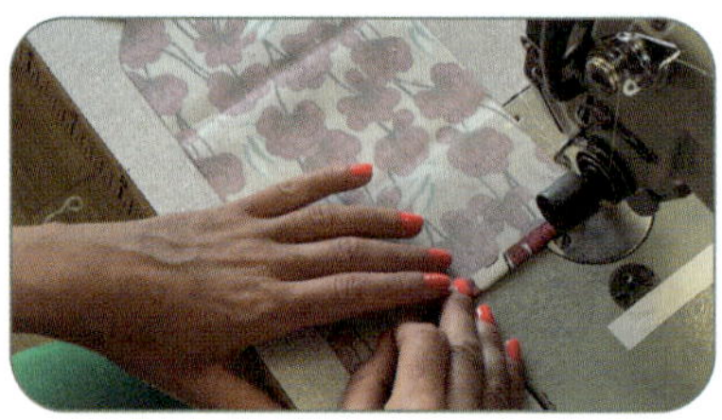

ÉTAPE 4 :

Placez la patte d'accroche à gauche, à 2,5 cm du bord ourlé du bas, en formant une boucle vers l'intérieur. Repliez le bas à 9 cm, endroit contre endroit.

ÉTAPE 5 :

Repliez ensuite le rabat selon le repère en croisant les 2 bords. Piquez les 2 côtés. Réduisez les marges de couture dans les arrondis pour une finition plus nette.

Exclusivité
PPMC

ÉTAPE 6 :

Repliez le fond de la pochette en superposant les 2 coutures des côtés de façon à former 2 pointes. Pour chacune des pointes, tracez une ligne perpendiculaire à la couture des côtés à 1 cm de la pointe et piquez. Cela formera le fond de la pochette. Puis coupez la pointe à 0,5 cm de la couture.

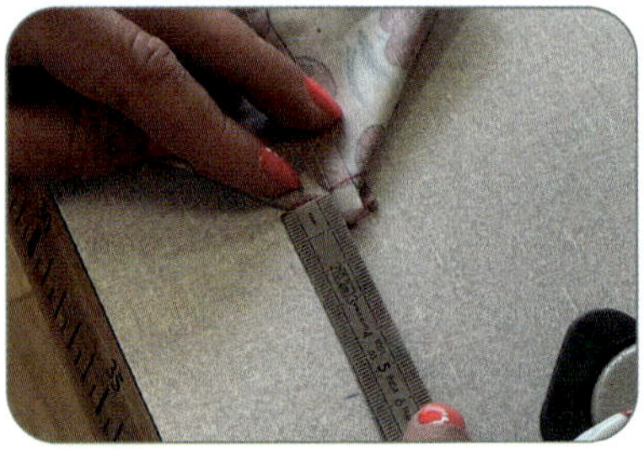

ÉTAPE 7 :

Retournez la pochette sur l'endroit et surpiquez le rabat à 0,5 cm pour le refermer. Placez le bouton-pression[1] au milieu du rabat, à 1,5 cm du bord. Vous avez terminé !

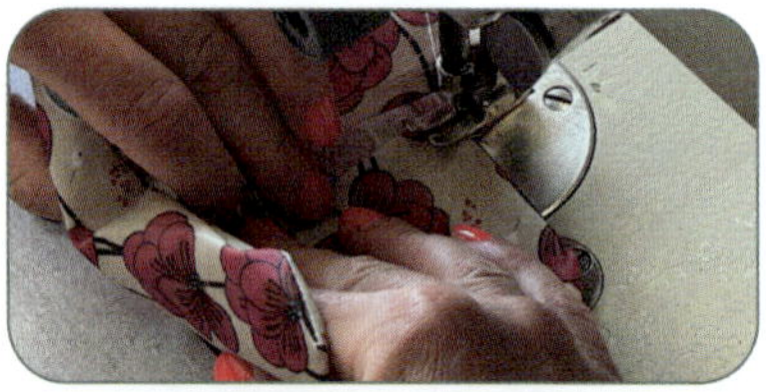

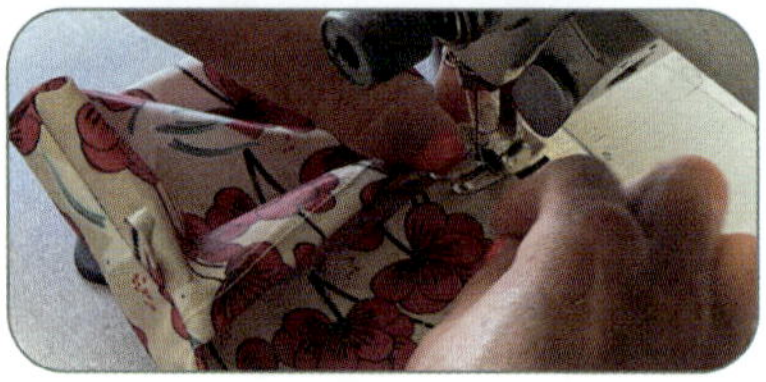

[1] Voir page 90

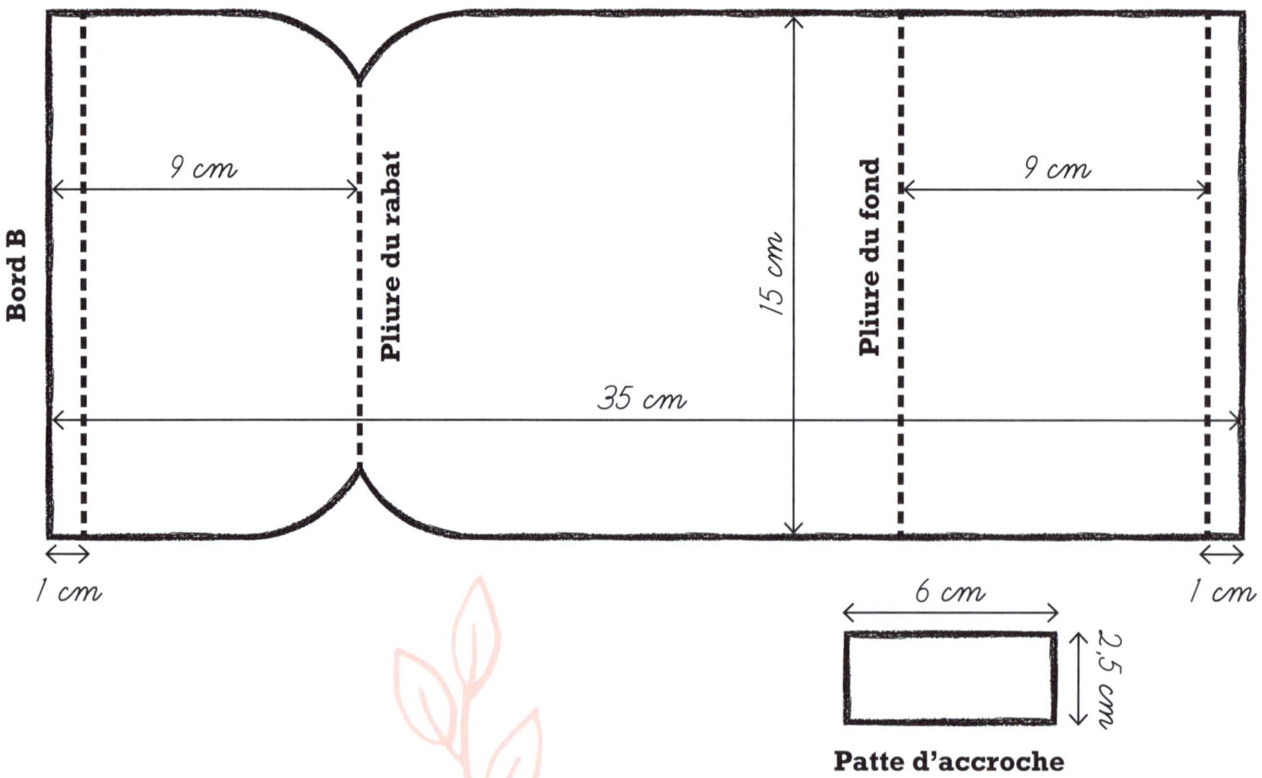

NIVEAU ★★★

LA SERVIETTE HYGIÉNIQUE *lavable*

Hygiéniques, écologiques et économiques, ces protections sont faciles à réaliser. Le plus difficile sera de choisir de jolis tissus pour confectionner votre trousseau, et ainsi ne plus jamais être prise au dépourvu, du début à la fin de votre cycle.

⌛ ●●○

●○○

MATÉRIEL :
- **50 cm de tissu en coton imprimé**
- **50 cm de tissu PUL**
- **50 cm de tissu-éponge**
- **1 bouton-pression**
- **1 paire de ciseaux à cranter**

ÉTAPE 1 :
Commencez par découper la pièce A (en rouge) du patron dans votre tissu imprimé et dans votre tissu PUL. Puis découpez la partie B (en vert) dans le tissu-éponge, en fonction de votre flux : 1 couche pour un flux faible, 2 couches pour un flux moyen et 3 couches pour un flux abondant.

ÉTAPE 2 :
Superposez et épinglez les épaisseurs de tissu-éponge sur l'envers et au centre de la pièce découpée dans le tissu en coton. Faites une piqûre de maintien à 5 mm du bord.

ÉTAPE 3 :
Épinglez soigneusement le tissu PUL sur le tissu en coton, endroit contre endroit, au plus près du bord pour éviter de marquer le tissu PUL. Piquez tout autour à 5 mm du bord en laissant une ouverture d'environ 5 cm. Crantez les arrondis.

Astuce : placez le tissu PUL contre les griffes d'entraînement de la machine et le tissu en coton sous le pied de biche, cela sera plus facile à coudre !

ÉTAPE 4 :
Retournez votre ouvrage par l'ouverture. Épinglez cette dernière et surpiquez tout le tour à 2 mm du bord.

ÉTAPE 5 :
Placez les boutons-pression[1] au centre de chacun des rabats, à 1 cm du bord. Vous avez terminé !

[1] Voir page 90

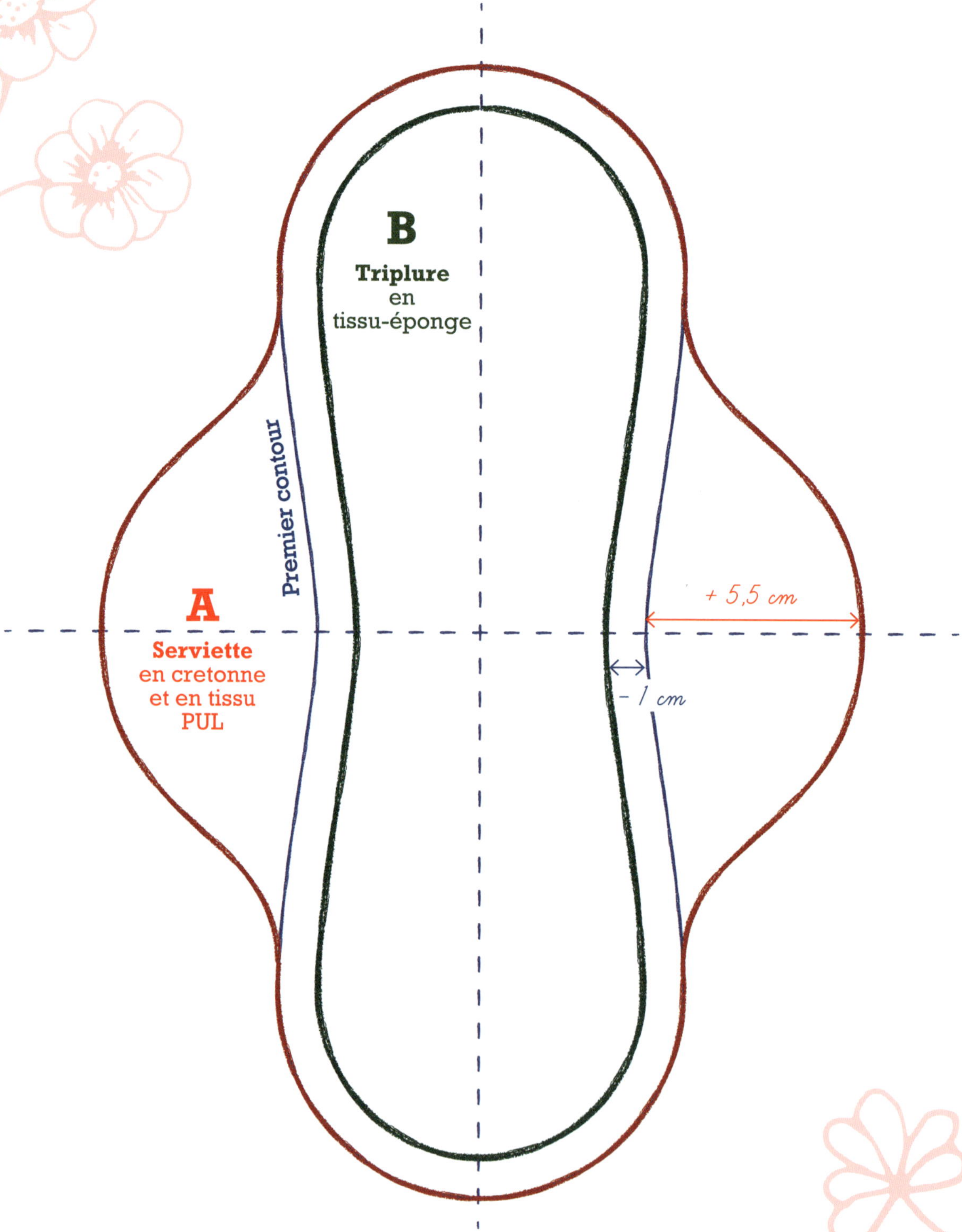
B
Triplure
en
tissu-éponge
Premier contour
A
Serviette
en cretonne
et en tissu
PUL
+ 5,5 cm
- 1 cm

NIVEAU ★★☆

L'ÉTUI
à brosse à dents

Entièrement doublé de tissu enduit, cet étui est idéal pour accueillir votre brosse à dents et vous accompagner dans vos déplacements. Ensuite, à vous de choisir parmi la multitude des tissus PPMC lequel vous permettra de décliner cet étui pour chacun des membres de la famille !

⌛ ●●○

🪙 ●○○

MATÉRIEL :
- 61 × 9 cm de tissu enduit
- 61 × 9 cm de tissu en coton
- 1 bouton-pression
- 1 paire de ciseaux à cranter

ÉTAPE 1 :
Commencez par tracer le patron selon le schéma, puis découpez-le 1 fois dans chacun des tissus. Faites des crans au niveau des pointillés. Posez les 2 morceaux l'un sur l'autre, envers contre envers. Repliez les 2 extrémités de la pochette sur 1 cm, puis surpiquez la nervure.

ÉTAPE 2 :
Pliez la partie A sur la partie B, endroit contre endroit, au niveau des pointillés rouges. Puis pliez la partie C sur la partie D, endroit contre endroit, au niveau des pointillés verts. L'extrémité du rabat se retrouve alors sur l'extrémité de la pochette.

ÉTAPE 3 :
Cousez en partant du bas vers le haut, en venant mourir au niveau des arrondis, puis crantez ces derniers.

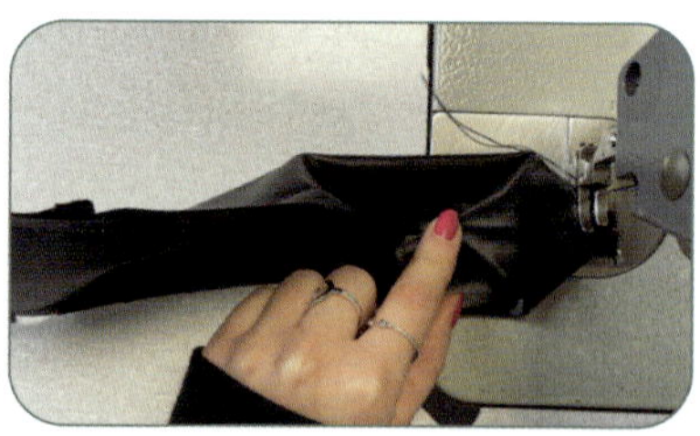

Valeur de couture comprise : 1 cm

ÉTAPE 4 :
Repliez le fond de la pochette en superposant les 2 coutures des côtés de façon à former 2 pointes. Pour chacune des pointes, tracez une ligne perpendiculaire à la couture des côtés à 1 cm de la pointe et piquez. Retournez.

ÉTAPE 5 :
Placez le bouton-pression[1] au milieu du rabat et sur le devant de la pochette. Vous avez terminé !

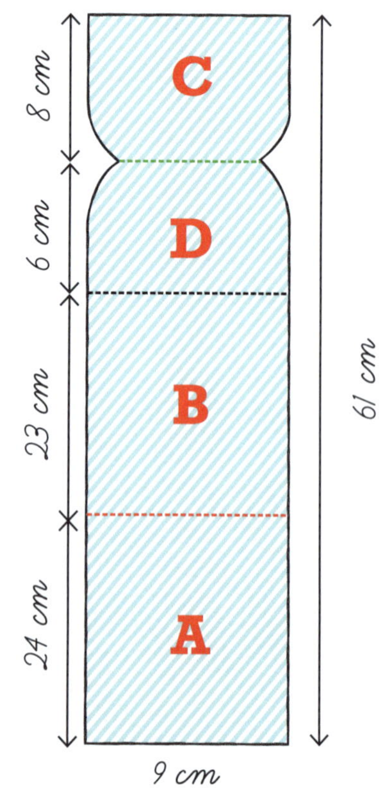

[1] Voir page 90

Exclusivité
PPMC
PPMC

Au tour
DES ENFANTS

Adoptons une démarche écoresponsable, et pensons à nos petites têtes blondes en leur faisant profiter de nos jolies créations. Pour les petits ou les plus grands, retrouvez des idées de couture magnifiées grâce aux tissus signés PPMC !

NIVEAU ★★☆

LE BAVOIR *des petits monstres*

Astucieux grâce à son jeu de boutons-pression qui crée un récupérateur d'aliments, ce beau bavoir en tissu enduit est adapté aux bébés à partir de 6 mois. Sa matière souple et imperméable permet de le nettoyer facilement et rapidement, et elle évite les taches imprévues !

⌛ ●●○

€ ●○○

MATÉRIEL :
- 40 × 28 cm de tissu enduit
- 40 × 28 cm de tissu-éponge
- 150 cm de biais
- 3 boutons-pression

ÉTAPE 1 :
Commencez par découper votre tissu enduit selon le patron, puis faites la même chose avec le tissu-éponge.

ÉTAPE 2 :
Posez les 2 pièces du bavoir l'une sur l'autre, envers contre envers, puis placez le biais tout autour, à cheval sur les 2 tissus, et épinglez le tout ensemble. Faites une couture à 0,5 cm du bord sur tout le tour, en prenant bien toutes les épaisseurs (biais, tissu enduit, tissu-éponge, biais).

ÉTAPE 3 :
Enfin, posez vos boutons-pression[1] selon les indications du patron. Vous avez terminé !

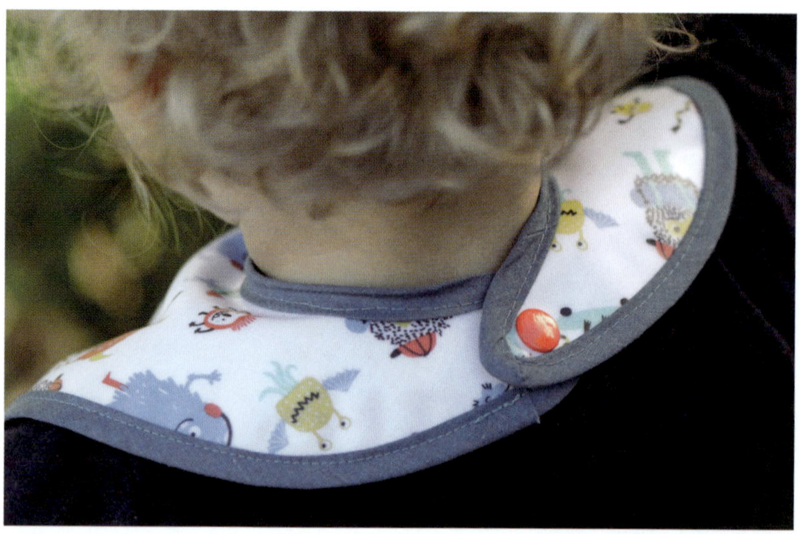

[1] Voir page 90

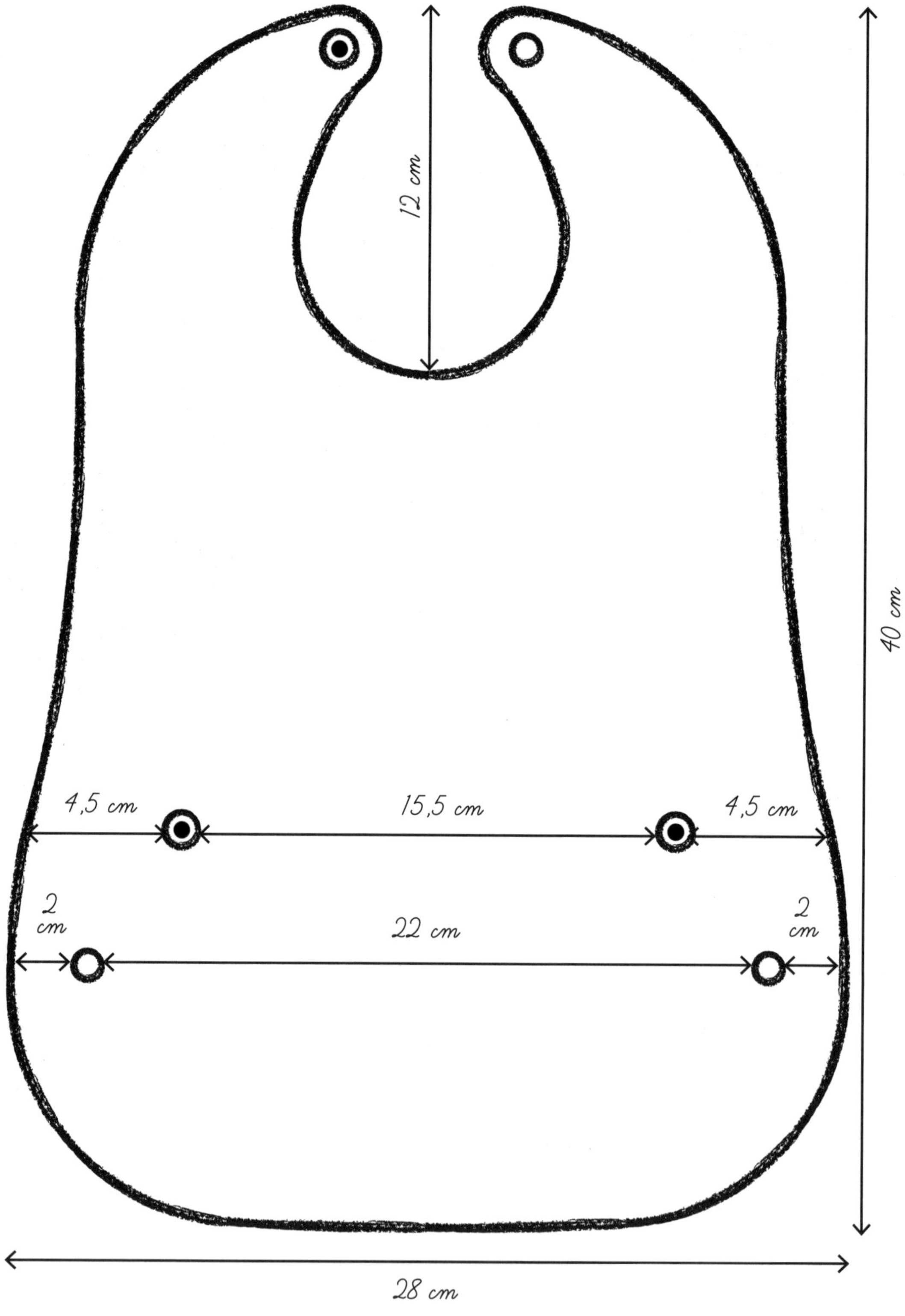
12 cm
40 cm
4,5 cm
15,5 cm
4,5 cm
2 cm
22 cm
2 cm
28 cm

NIVEAU ★★☆

LES PETITS SACS *pour tout ranger*

À décliner à volonté dans de multiples formats et tissus différents, ces petits pochons se glissent dans le sac à langer, le cartable ou le sac à dos ! Pour ajouter un brin de fantaisie, nous les avons même customisés avec quelques perles sur le cordon et un petit rectangle de tissu pour les coordonner !

⏳ ●○○

💰 ●○○

MATÉRIEL :

- 30 cm de lien en tissu
- Quelques perles pour décorer
- 45 × 30 cm de tissu enduit
- 11 × 8 cm de tissu en coton imprimé

ÉTAPE 1 :
Commencez par plier le grand rectangle de tissu enduit en 2 dans le sens de la longueur et épinglez-le.

ÉTAPE 2 :
Cousez un des petits côtés et le grand côté, en laissant une ouverture de 1,5 cm en haut de ce dernier pour pouvoir insérer le lien de serrage par la suite.

ÉTAPE 3 :
Retournez le sac obtenu, et faites un ourlet de 2,5 cm sur le bord supérieur. Passez le lien de serrage dans la coulisse formée par l'ourlet, sans oublier d'ajouter quelques perles pour décorer.

ÉTAPE 4 :
Pour coordonner vos petits sacs, ajoutez un patch de tissu sur le devant du plus petit en cousant un rectangle de tissu enduit dans le coin inférieur droit.
Pour le grand modèle, petite variante : réalisez un ourlet sur le rectangle de tissu imprimé et cousez-le sur votre sac en tissu enduit. Vous avez terminé !

> Astuce : ce petit sac à tout faire est déclinable en plusieurs formats et personnalisable à souhait.

Poésie
de
Léane

NIVEAU ★★★

LE PROTÈGE-CAHIER *des poupées*

Pour proscrire le plastique, éviter que les cahiers de vos enfants ne s'abîment trop vite et pour les embellir et les personnaliser, confectionnez-leur des protège-cahiers résistants en tissu. Accompagnés du goûter, ils seront une source de motivation pour faire les devoirs !

⌛ ●●●

💰 ●●○

MATÉRIEL POUR UN PETIT CAHIER DE 17 × 22 CM (48 PAGES) :

- 25,5 × 67 cm de tissu enduit
- 37 × 33,5 cm de tissu en coton uni
- 1 bouton-pression

ÉTAPE 1 :

Commencez par découper un rectangle de 37 × 25,5 cm, deux rectangles de 11 × 25,5 cm, ainsi qu'une bande de 8 × 9,5 cm avec l'extrémité gauche arrondie dans le tissu enduit. Puis découpez un rectangle de 37 × 25,5 cm et une bande de 8 × 9,5 cm avec l'extrémité droite arrondie dans le tissu uni. Si votre tissu est imprimé, faites bien attention au sens du motif et coupez sur l'endroit.

ÉTAPE 2 :

Pour la languette, posez les 2 bandes l'une sur l'autre, endroit contre endroit, et cousez le long des 2 grands côtés et de l'extrémité arrondie, en laissant le petit côté ouvert. Recoupez les marges de couture et retournez. Surpiquez à 2 mm du bord. Sur les 2 petits rectangles des rabats, faites un rentré de 1 cm le long d'un grand côté : à droite pour le 1er, et à gauche pour le 2d. Piquez à 0,5 cm du bord.

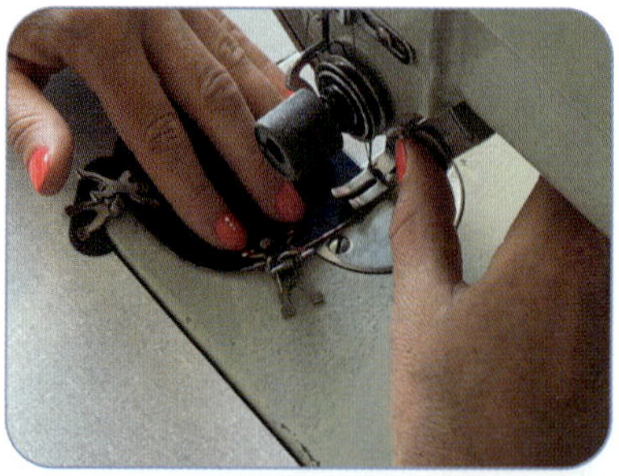

Exclusivité
PPMC

ÉTAPE 3 :
Superposez ensuite les pièces dans l'ordre suivant :

- le rectangle de tissu en coton, endroit face à vous ;
- les rabats placés le long de chaque côté, endroit face à vous ;
- la languette positionnée sur le milieu du bord droit, l'extrémité arrondie vers l'intérieur et l'endroit du tissu enduit face à vous ;
- le rectangle de tissu enduit, envers face à vous.

ÉTAPE 4 :
Faites une piqûre sur tout le tour, en arrondissant les angles et en laissant une ouverture en bas, entre les 2 rabats. Dégarnissez les angles.

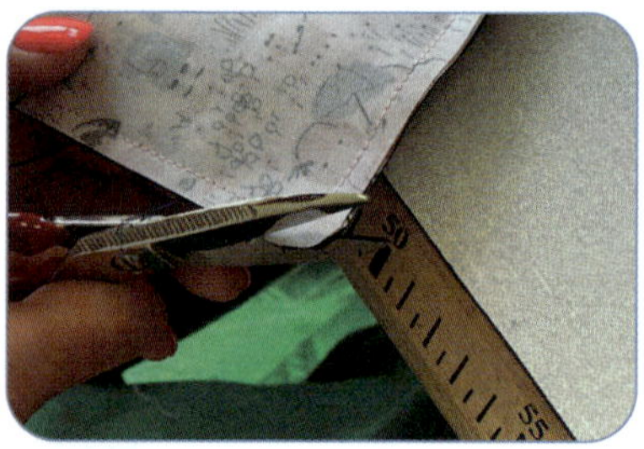

ÉTAPE 5 :
Retournez votre ouvrage par l'ouverture en formant bien les arrondis des angles. Repliez les marges de couture de l'ouverture vers l'intérieur. Faites une surpiqûre sur tout le tour du protège-cahier, à 2 mm du bord.

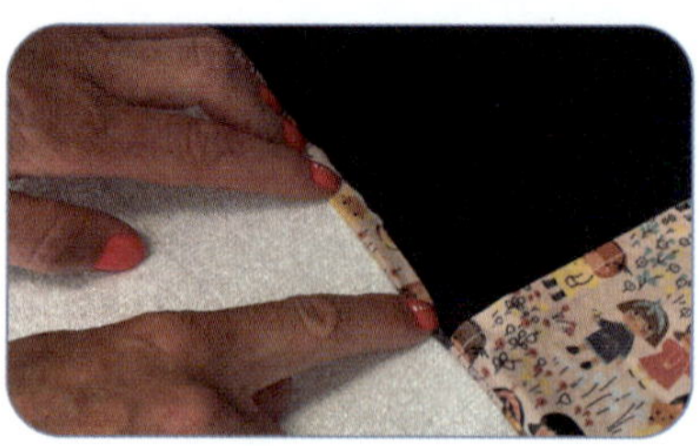

ÉTAPE 6 :
Posez la partie mâle du bouton-pression[1] sur la languette, à 1 cm du bord, et la partie femelle sur le dessus du protège-cahier, à 1,5 cm du bord, en faisant bien attention à la placer sous le rabat. Vous avez terminé !

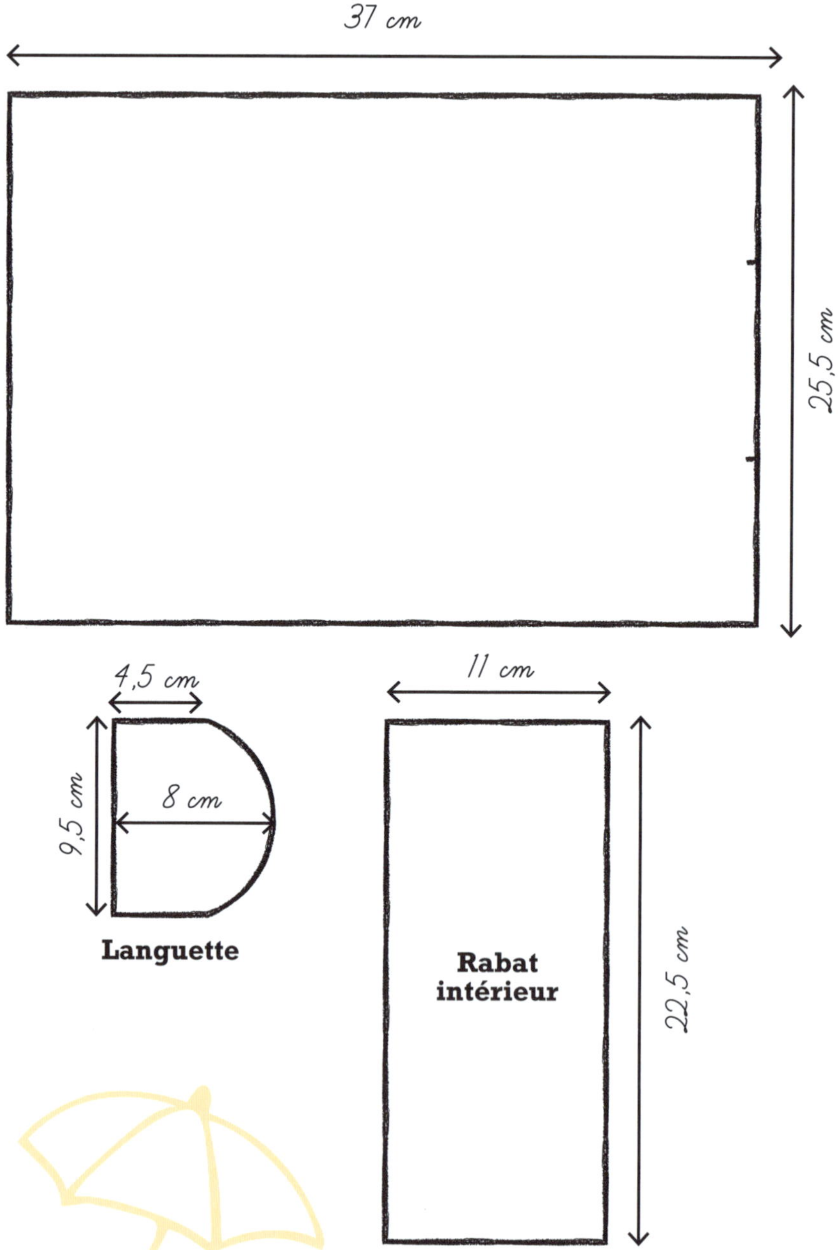

[1] Voir page 90

NOIRE
A COPIER
Poésie
de
Léane

Au GRAND AIR

Respecter l'environnement, c'est aussi privilégier le vélo ou la marche pour aller faire les courses ! Et pour cela, il n'y a rien de mieux que de s'équiper de jolis cabas en tissus PPMC.

NIVEAU ★★☆

LE TOTE-BAG *réversible*

Pliable et peu encombrant, ce grand sac réversible se glisse partout ! Avec son duo de tissu coton et enduit, il est idéal pour une après-midi en ville ou pour faire ses courses. Il n'y aura ainsi plus besoin d'accumuler des sacs en plastique !

⌛ ●●○

🪙 ●○○

MATÉRIEL :

- **100 × 40 cm de tissu enduit coquillages**
- **150 × 50 cm de tissu en coton uni**

ÉTAPE 1 :

Commencez par découper deux rectangles de 50 × 40 cm dans votre tissu enduit, et faites la même chose dans le tissu uni. Puis posez les 2 rectangles de tissu enduit l'un sur l'autre, endroit contre endroit. Cousez sur 3 côtés en laissant le 4e libre. Répétez cette étape avec les 2 rectangles de tissu uni, en laissant une ouverture d'environ 10 cm dans le fond du sac.

ÉTAPE 2 :

Pour les sangles, découpez deux bandes de 75 × 10 cm dans le tissu uni. Réalisez un rentré de 1 cm sur chaque grand côté et repassez. Pliez-les en 2 dans le sens de la longueur, puis cousez les grands côtés.

ÉTAPE 3 :

Retournez le sac en tissu enduit sur l'endroit. Placez 1 sangle sur un des côtés, en positionnant chacune des extrémités à 12 cm des bords et en faisant attention à ne pas vriller l'anse. Épinglez en prenant garde qu'elle ne bouge plus, et faites la même chose avec l'autre sangle.

ÉTAPE 4 :

Glissez le sac en tissu enduit dans celui en tissu uni, endroit contre endroit, les sangles se retrouvant ainsi prises entre les 2 épaisseurs de tissu. Épinglez, puis piquez à 2 cm du bord du haut du sac. Retournez l'ouvrage par l'ouverture laissée dans le sac en tissu uni, de sorte à avoir le tissu coquillages à l'extérieur. Refermez l'ouverture avec des points invisibles.

ÉTAPE 5 :

Repassez votre ouvrage, et faites une surpiqûre à 2 mm du bord sur tout le tour du haut du sac. Vous avez terminé !

Retrouvez le sac isotherme
en boutique ou sur
papapiqueetmamancoud.fr

NIVEAU ★★★

LA SACOCHE *à vélo*

Cette jolie besace s'accroche au guidon de votre bicyclette pour partir en vadrouille dans la jungle urbaine. Ultra résistante et étanche, elle bravera la tempête et gardera vos effets bien au sec, quoiqu'il advienne !

⌛ ●●●

🪙 ●●○

MATÉRIEL :

- 90 × 60 cm de tissu enduit motif jungle
- 90 × 60 cm de tissu en coton uni
- 23 cm de sangle rose fuchsia
- 8 cm de ruban auto-agrippant rose fuchsia, de 2 cm de large
- Du biais rose

ÉTAPE 1 :

Commencez par découper deux rectangles de 45 × 60 cm dans les deux tissus. Coupez votre ruban auto-agrippant en 2 morceaux de même longueur, et faites de même avec la sangle. Réalisez un ourlet à chacune des extrémités de la sangle, puis assemblez un bout de ruban auto-agrippant avec un morceau de sangle. Piquez ces 2 fixations sur l'un des rectangles en tissu enduit, en les plaçant à 3 cm des côtés et à 15 cm du bord supérieur.

ÉTAPE 2 :

Piquez votre système de fermeture au milieu et à 2 cm du bord supérieur de l'un des rectangles en tissu enduit. Ici, nous avons choisi d'utiliser du ruban auto-agrippant cousu sur de la sangle, comme pour les attaches, mais vous pouvez très bien choisir un autre système, que vous pouvez récupérer sur un vieux sac à dos par exemple.

ÉTAPE 3 :

Posez vos rectangles de tissu enduit l'un sur l'autre, endroit contre endroit, et cousez les 2 grands côtés et le fond à 1 cm du bord en laissant le bord supérieur ouvert. Répétez cette étape avec les 2 rectangles de tissu en coton.

ÉTAPE 4 :

Repliez le fond du sac en superposant les 2 coutures des côtés de façon à former 2 pointes. Pour chacune des pointes, tracez une ligne perpendiculaire à la couture des côtés à 5 cm de la pointe et piquez. Puis coupez la pointe à 1 cm de la couture.

ÉTAPE 5 :

Retournez le sac en tissu enduit sur l'endroit, et glissez le sac en coton uni à l'intérieur, envers contre envers.

ÉTAPE 6 :

Piquez un morceau de biais à cheval sur tout le tour du bord supérieur du sac, puis marquez un pli pour faire un rabat. Vous avez terminé !

Pour faire PLAISIR

Pour offrir vos plus belles créations ou ce livre à une amie, nous vous proposons de découvrir le furoshiki : une méthode 100 % écoresponsable pour emballer les cadeaux !

LE FOULARD *furoshiki*

NIVEAU ★☆☆

La tradition japonaise veut que la personne à qui l'on offre un présent emballé dans un foulard furoshiki nous le rende. Avec ces beaux tissus PPMC, il sera difficile de respecter la coutume !

⌛ ●○○

🪙 ●○○

MATÉRIEL :

- 1 carré de 50 × 50 cm ou 70 × 70 cm de tissu

ÉTAPE 1 :
Commencez par découper votre tissu de la taille que vous souhaitez. Ici, nous avons découpé 2 carrés dans ce beau tissu PPMC : un de 50 x 50 cm et un autre de 70 x 70 cm.

ÉTAPE 2 :
Ensuite, réalisez un ourlet tout autour à l'aide d'un fil assorti.

ÉTAPE 3 :
Il ne vous reste plus qu'à plier votre furoshiki selon l'objet que vous avez à emballer. Pour cela, reportez-vous à la page suivante qui présente différentes techniques de pliage, toutes plus simples les unes que les autres !

Vous pouvez également varier les plaisirs et emballer votre cadeau avec différents pliages ! C'est ce que nous avons fait pour envelopper un livre avec le furoshiki le plus grand, en mélangeant la première avec la troisième technique.

LES TECHNIQUES *de pliage*

Avec un joli nœud

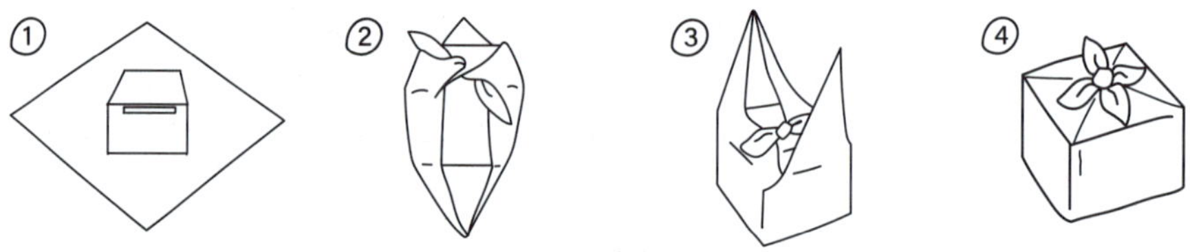

En forme de sac à main

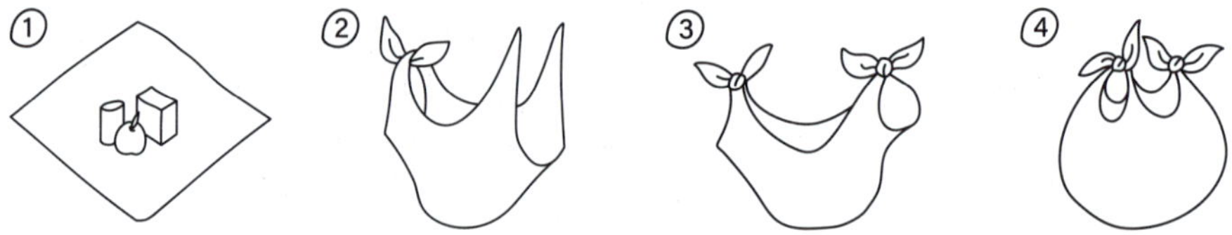

Un objet plat et ses variantes avec un joli nœud

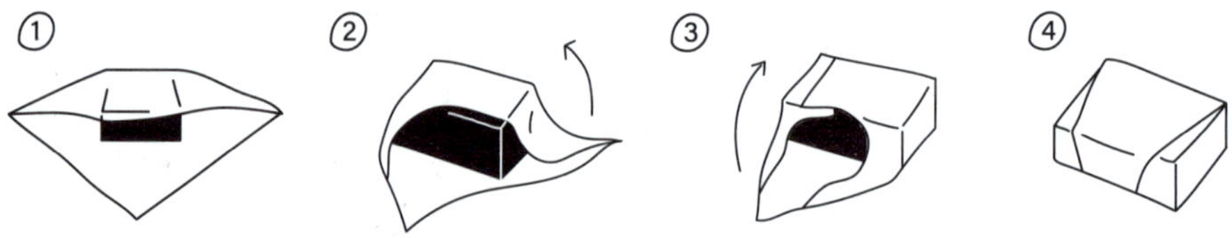

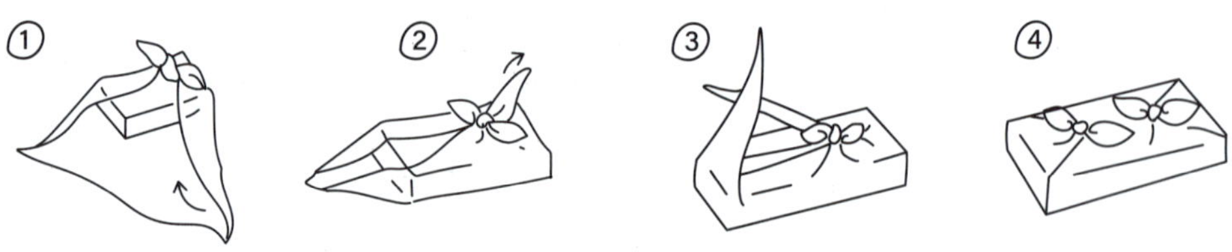

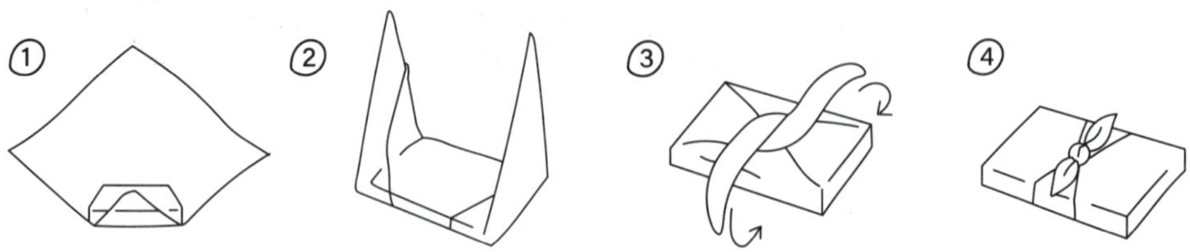

Un objet long

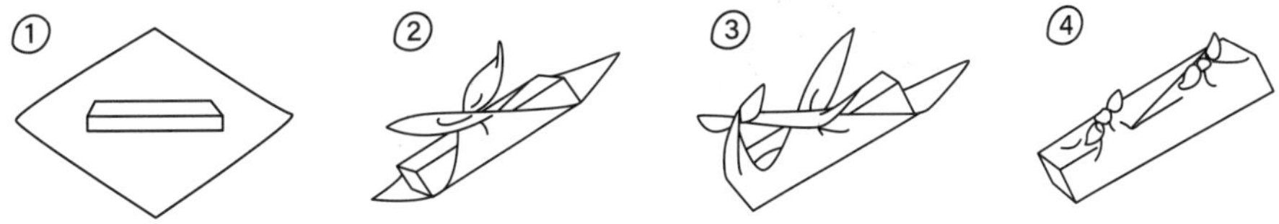

Un ballon

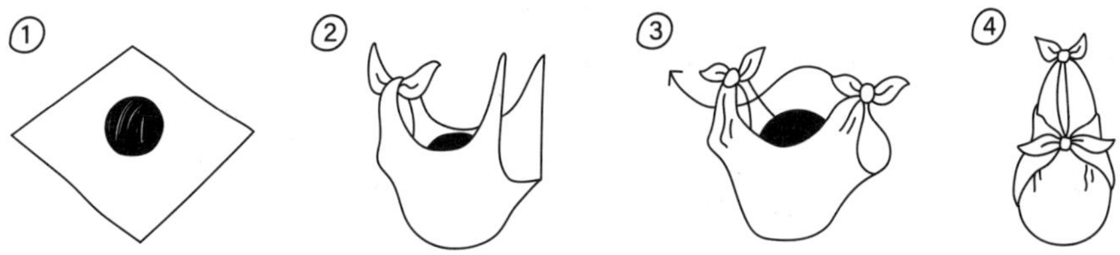

Une bouteille

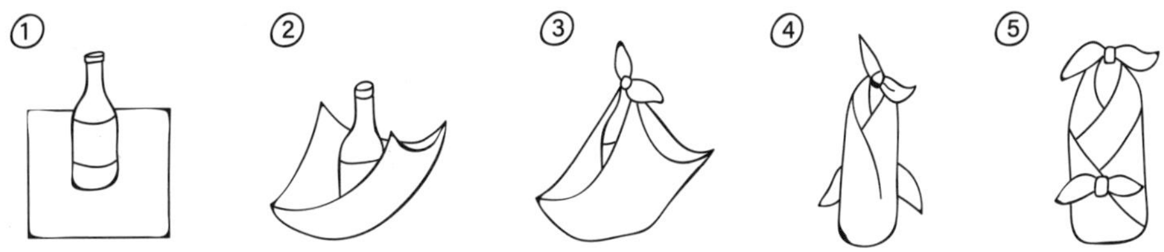

Deux bouteilles

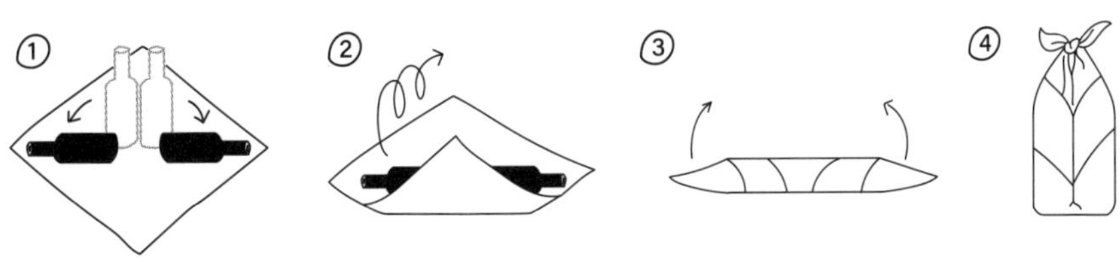

Un poster roulé

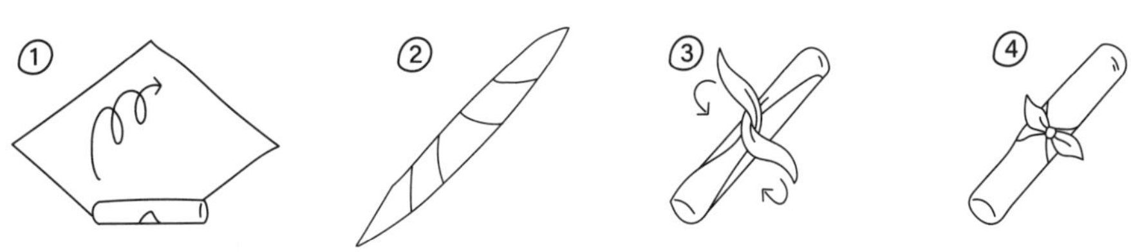

Pour vous AIDER

Un petit coup de pouce, ça ne fait pas de mal !
Retrouvez tous les points de couture mentionnés
dans le livre, accompagnés de schémas.
Bonne couture !

L'ENTOILAGE :

Posez le morceau de tissu à entoiler à plat, envers face à vous, et placez la toile thermocollante dessus, côté rugueux vers le tissu. Puis passez le fer à repasser sans le faire glisser. Posez-le simplement sur le tissu.

LE BOUTON-PRESSION :

Nous avons utilisé une pince afin de poser les boutons-pression sur nos créations. Si vous n'en avez pas, vous pouvez opter pour les modèles à coudre. Commencez par positionner la partie mâle du bouton-pression sur l'envers de votre tissu, puis cousez-le en passant votre aiguille entre 2 et 5 fois dans chaque trou en serrant bien vos points. Ensuite, arrêtez votre dernier point à l'aide d'un nœud, puis coupez votre fil à ras. Afin d'obtenir une fermeture efficace et solide, les parties mâle et femelle du bouton-pression doivent être cousues bien face à face. Pour cela, utilisez une craie tailleur et frottez-la sur la tige du bouton-pression. Posez votre partie mâle sur votre tissu, là où doit être positionnée la partie femelle de votre bouton, et appuyez bien. Enfin, placez la partie femelle sur l'endroit du tissu de manière à ce que le creux du centre de la partie femelle se superpose avec la marque de craie. Puis cousez-la de la même manière que pour la partie mâle.

LE POINT EN CROIX :

Piquez un rectangle au point droit. Commencez au point 1, faites 3 points arrière puis allez vers 4, puis vers 2, vers 3 et revenez au 1. Sans couper votre fil, continuez en piquant en diagonale vers 2, remontez jusqu'au 4 et piquez en diagonale vers 3. Terminez en faisant 3 points arrière, coupez les fils.

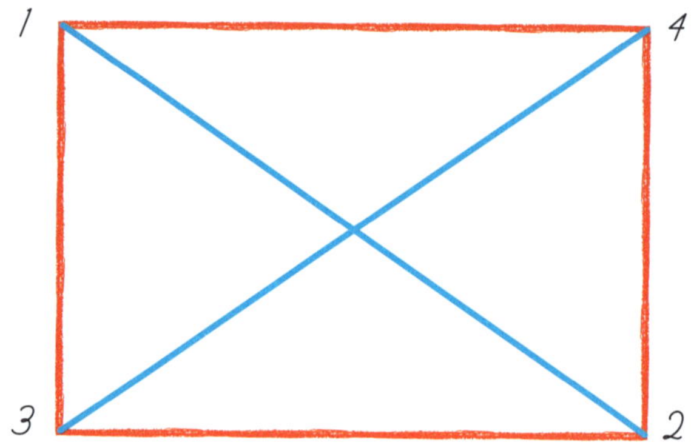

LE POINT ZIGZAG :

Sur votre machine, sélectionnez le point droit et commencez par faire 3 points en arrière. Puis sélectionnez le point zigzag et réglez la largeur sur 3 mm. Commencez votre point zigzag en positionnant bien le tissu de manière à ce que votre machine pique une fois à gauche, une fois à droite, sans tirer. Terminez la couture par 3 points droits en arrière, et coupez les fils qui dépassent.

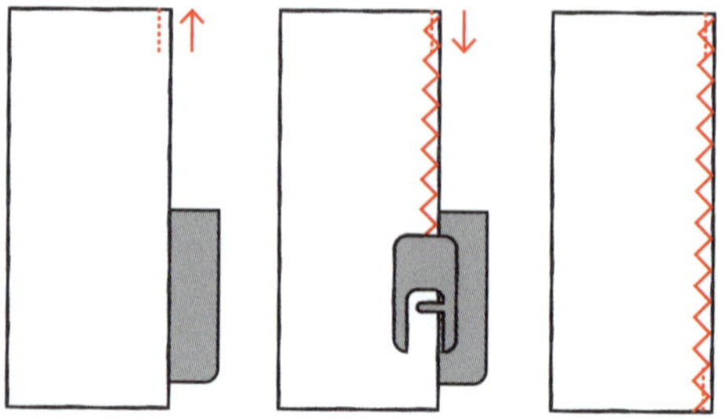

Notes

Notes

Notes

Merci !

Merci à Nam et son équipe : Marjorie, Lisa, Amandine, Laura, Mia et Gaëlle.
Capucine, Armelle, Géraldine & Philippe, Sophie, Ludovic & Merlin, Cécile & Aymeric, Caroline, Pierre & Roxane.

Suivi éditorial : Corinne Gauvin & Marina Carra
Rédaction : Amélie Lamirand
Créations et réalisations : Capucine Coucke, Armelle Serre
Créations exclusives PPMC : Nam Pham et Amandine Brossard
Photographies PPMC : Anne-Cécile Esteve
Photographies : Ludovic Combe, Shutterstock, Corinne Gauvin
Direction artistique : Cindy Da Costa & Fanny Bonnet
Maquette : Fanny Bonnet & Gilles Hugon

8, rue Buffon
63100 Clermont-Ferrand

www.turbulenceseditions.fr

Dépôt légal : octobre 2022
Cet ouvrage a été imprimé en septembre 2022
Imprimé par FINIDR en Europe

MIXTE
Papier issu de sources responsables
FSC® C014138